古代歷史文化研究輯刊

十五編

王明蓀 主編

第17冊

元明之際江南的隱逸士人

汪栢年 著

國家圖書館出版品預行編目資料

元明之際江南的隱逸士人／汪栢年 著 -- 初版 -- 新北市：花
木蘭文化出版社，2016〔民 105〕
目 2+168 面；19×26 公分
（古代歷史文化研究輯刊 十五編；第 17 冊）
ISBN 978-986-404-614-0（精裝）
1. 士 2. 元代 3. 明代
618   105002223

ISBN-978-986-404-614-0

古代歷史文化研究輯刊
十五編　第十七冊　　　　　　　ISBN：978-986-404-614-0

元明之際江南的隱逸士人

作　　　者　汪栢年
主　　編　王明蓀
總 編 輯　杜潔祥
副總編輯　楊嘉樂
編　　輯　許郁翎
出　　版　花木蘭文化出版社
社　　長　高小娟
聯絡地址　235 新北市中和區中安街七二號十三樓
　　　　　電話：02-2923-1455／傳眞：02-2923-1452
網　　址　http://www.huamulan.tw 信箱 hml 810518@gmail.com
印　　刷　普羅文化出版廣告事業
初　　版　2016 年 3 月
全書字數　135270 字
定　　價　十五編 23 冊（精裝）台幣 45,000 元　　　版權所有‧請勿翻印

元明之際江南的隱逸士人

汪栢年　著

作者簡介

汪栢年，出生於 1970 年代，喜歡閱讀及論文寫作。在研究生時代遇見啟蒙恩師林麗月老師，就鑽進了元明的時空之中，歷見士人群像。退伍後進入高中任教，自覺身兼元明之際士人般的文化重擔及恩師的教誨，不敢輕忽。倏乎已任教十五年，承先啟後的使命尚未完成。碩班畢業迄今已十七年，謹奉師命出版此論文，聊盡士人之微薄心力。

提　　要

　　明初士人多不仕，是中國歷史上頗為奇特的現象，按常理推論，明以漢族王朝取代蒙元外族的統治，士人應踴躍出仕才是。結果不然，他們反以不仕為高，不理會明太祖求才若渴的心情，一意追求沒世無聞的隱逸生活。本文目的即在以江南地區為中心，探討元末、張士誠時期、明初的隱逸現象，分別由三方面考察：第一，從元明之際政治社會背景，看江南隱逸形成的外在環境；第二，分析元明鼎革之際江南隱逸士人的不同類型及其隱逸原因，以略窺此一時代隱士之心態；第三，探討江南隱逸士人的交遊與生活，及其對地方社會之影響。在章節安排上，除了第一章緒論及第五章結論外，第二章探討元末江南士人與政權的關係，分析元朝與張士誠政權底下江南士人的處境，以觀察元末以來的不仕風氣。第三章就筆者整理史籍所得的明初隱逸，分析其在元明之際不同的仕隱經歷，歸納為四種類型，並從明太祖與士人的緊張關係，觀察明初士人面臨鼎革之際的出處抉擇，以及明初隱逸士人的不仕原因。第四章探討元末明初士人之間的活動與營生方式，並觀察在元明之際政治、社會的急遽轉變，對士人群體造成的影響，以及隱逸在脫離了以仕宦為經世濟民的途徑之後，憑藉修身、齊家的淑世理想，致力於鄉里教化，在地方文教發展上所扮演的角色。

目

次

第一章　緒　論

第一節　研究目的

　　傳統中國，「隱士」有許多不同的稱呼，如高士、處士、逸士、幽人、高人、處人、逸民、遺民、隱者、隱君子等。近人蔣星煜引《舊唐書・隱逸傳序》：「堅迴隱士之車」認爲這是「隱士」見於典籍的開始〔註1〕。其實不然，早在《荀子・正論》中即已有「天下無隱士，無遺善」〔註2〕之句出現。隱士的諸多名稱中，存在許多些微的差異：如處士與隱士這兩個指稱不仕者的名詞，就不一定能互相通用，處士所涵蓋的的範圍比隱士廣，因爲隱處不仕，不一定隱，而隱士則講究隱。〔註3〕以《韓非子》中記載的兩個春秋時代齊國的處士南郭處士與小臣稷爲例，其實南郭先生是個濫竽充數、缺乏操守的士人。〔註4〕小臣稷卻與之相反，他鄙視爵祿，就連尊貴一時的齊桓公也不能輕易改變他的志向。這顯示了傳統中國隱士的地位甚高，齊桓公就曾對在野士

〔註1〕蔣星煜，《中國隱士與中國文化》（臺北：中華書局，民國三十六年一月，再版），頁1，〈中國隱士名稱的研究〉。

〔註2〕楊倞注、王先謙集解，《荀子集解》（臺北：世界書局，民國七十二年四月），〈正論篇第十八〉，頁221。

〔註3〕洪安全，〈兩漢儒士的仕隱態度與社會風氣〉，《孔孟學報》，第四十二期，民國七十年九月，頁117。

〔註4〕「齊宣王使人吹竽，必三百人，南郭處士請爲王吹竽，宣王說之，廩食以數百人。宣王死，湣王立，好一一聽之，處士逃。」見王先愼，《韓非子集解》（臺北：藝文印書館，民國六十三年四月，三版），卷五，〈內儲說上・倒言七右經〉，頁16a。

人給予極高的的評價：「吾聞布衣之士，不輕爵祿，無以易萬乘之主；萬乘之主，不好仁義，亦無以下布衣之士。」〔註5〕可見操守才是「隱士」受到世人重視的關鍵；「處士」定義所指的士人中，亦不乏如小臣稷般輕爵祿以布衣自處、有志節的人，但也有濫竽充數、毫無才學的士人。小臣稷的操守，可以列為隱士而無疑問，南郭先生卻毫無才學、廉恥可言。因此，處士與隱士之間的分際，尚需考察傳主之生平事蹟，以瞭解其隱逸的真正理念。

人們通常把隱士解釋為「隱居不仕」的人，這種定義似過於籠統，試問：想入仕而無法入仕，以致閒居鄉野的士人，以及不想入仕而未入仕者，是不是都算隱士？謝寶富在〈隱士定義及古稱的考察〉中指出隱士的定義為：「看破仕途而不仕的、擁有一定學識才德的人」〔註6〕；Aat Vervoorn 探討中國隱逸的起源，亦認為中國的隱逸傳統，繫於道德因素，不像西方傳統中的隱逸，宗教犧牲的成分居多。〔註7〕因此，不是閒居鄉野之人皆可稱為隱士，唯有才德相稱之士，才有資格被視為隱士。戰國時代荀子認為隱處於鄉野之間的儒士，雖然貧無立錐之地，但是「王公不能與之爭名；在一大夫之位，則一君不能獨畜，一國不能獨容，成名況乎諸侯，莫不願得以為臣。」〔註8〕可見當時對隱士的推崇，不下於擁有權勢地位者，且真正被世人尊崇的隱士必定身懷才學，唯有如此，雖然居於陋野之中，亦不失其可敬之處，且為人主亟欲延攬為臣的對象。因此，隱士在中國的政治傳統中，成為一重要之流品；這些有資格入仕卻不願入仕的士人，歷史上一向有相當的地位與評價。

在推崇隱逸的傳統之下，史籍專門記載隱逸行蹟者甚多。如晉皇甫謐《高士傳》載晉以前九十六人，清高兆的《續高士傳》列晉至明一百四十三人，都是記載隱士之行跡。許多學者將「高士」的「高」，與《周易‧蠱卦上九》之「不事王侯，高尚其事」〔註9〕相類比，〔註10〕並將「不事王侯，高尚其事」

〔註5〕王先慎，《韓非子集解》，卷十五，〈難一〉，頁7b。

〔註6〕謝寶富，〈隱士定義及古稱的考察〉，《江漢論壇》，一九九七年第一期，頁53。

〔註7〕參見 Aat Vervoorn ,"The Origins Of Chinese Eremitism,"《中國文化研究所學報》（香港：香港中文大學），第十五卷，一九八四年，頁249～250。

〔註8〕楊倞注、王先謙集解，《荀子集解》，〈儒效篇第八〉，頁87。

〔註9〕王弼注、孔穎達撰，《周易正義》（臺北：藝文印書館，據清阮元刻本影印，民國四十四年），卷三，頁6b。

〔註10〕如朱子儀說：「『高士』是古人給予隱士的許多名稱中較常用的一個，取《易經》『不事王侯，高尚其事』的意思。」見朱子儀，〈魏晉《高士傳》與中國隱逸文化〉，《中國文化研究》，第十二期，一九九六年，頁72。

解釋爲隱逸思想之起源。許多後世探討隱逸思想起源的論述，將隱逸思想的起源推向《周易》及其以前的年代，所根據的就是《周易》之「不事王侯，高尚其事」一條。如高亨在《周易古經今注》中，繫於此爻辭下之註解即爲：「此隱居不仕之意，古人筮仕若遇此爻，則勿仕可也。」〔註11〕劉紀曜將「不事王侯，高尚其事。」視爲「不仕之隱」的表現，屬類於莊子政治思想之核心。〔註12〕然則，「不事王侯，高尚其事」所代表的意義卻似乎與一般的隱逸不同，有其他的含義在內，不能等同於尋常的隱逸行爲。明代焦竑在《焦氏筆乘》〈不事王侯〉條中提到：

> 蠱之五爻，皆言幹父之蠱，至上九則曰：「不事王侯，高尚其事。」象曰：「不事王侯，志可則也。」後人往往引四皓、子陵解此一爻，誤矣。出則事公卿，入則事父兄；不事王侯，此索隱行怪之所，爲聖人不取也。《禮》曰：「八十者，一子不從政。九十者，其家不從政。上九，處卦之終，當父母耄期之日，不出從政，非所以邀譽於鄉黨、朋友，非惡干祿而然，蓋知尊尚孝德者也。曾子居魯，齊欲聘以爲卿。曾子曰：「居父母老，不忍遠親以爲人役。」斯人也，其百世之師歟！故曰：「志可則也」。〔註13〕

則焦竑之意，否定「不事王侯」含有隱逸成分存在，他認爲士人都應該出仕以盡「爲士」的本分，除非如曾子般以孝爲先，否則士大夫之行事，應該「出則事公卿，入則事父兄」，不從政是一種邀譽於鄉黨、朋友的行爲，是聖人所不取的，隱含反對隱逸行爲的看法。若從另外一個角度來探討「不事王侯，高尚其事」的內在動機，可以發現隱逸行爲形成的因素，除了政治的動盪及輕視爵祿、重視操守外，孝養雙親也是一種促使士人「不事王侯」的原因。

　　明初士人多不仕，是中國歷史上頗爲奇特的現象，按常理推論，明以漢族王朝取代蒙元外族的統治，士人應踴躍出仕才是。結果不然，他們反以不仕爲高，不理會明太祖求才若渴的心情，一意追求沒世無聞的隱逸生活，這一歷史現象，後人曾試圖加以解釋，如趙翼在《廿二史箚記》中提到「明初

〔註11〕高亨，《周易古經今注》（臺北：開明書店，民國三十六年九月，初版），頁69。

〔註12〕劉紀曜，〈仕與隱～傳統中國政治文化的兩極〉，收入黃俊傑主編、劉岱總主編：《中國文化新論》思想篇（臺北：聯經出版事業公司，民國七十年），頁306。

〔註13〕焦竑，《焦氏筆乘》（山東：山東友誼書社，一九九一年十一月），卷一，頁10b～11a，〈不事王侯〉。

文人多有不欲仕者」、「文人學士，一受官職，亦罕有善終者」〔註14〕，認為明初士人多不仕與洪武朝士人多遭刑戮的現象有關。錢穆在〈讀明初開國諸臣詩文集〉中從宋濂、劉基、高啓、蘇伯衡、貝瓊、胡翰、戴良等人的詩文加以申論，認為明初士人多不仕是當時時代風尚所致，且以明初士人心中多無夷夏大防觀念論之，〔註15〕感慨那些明初士人只知忠於元室，在元亡之後，競以不仕為高。就民族大義而言，這些屢招不至、暫止而求去的明初士人，在錢穆眼中看來是「闇於時勢」、「昧於大義」〔註16〕的。由趙翼對明初士人的評述可知，明太祖用重典治天下，是明初士人多不仕的重要原因；錢穆則認為士人在異族統治下，不知有民族大義的存在，在漢族復興之後的明初，仍然心向故元。

明初士人除了不欲為官，他們亦在詩文中流露對現況的不滿與對前朝的懷念。陳建華研究明初政治與吳中士人的詩歌顯示，明初吳中士人普遍對新朝不滿，表現出痛苦與壓抑的共同心理特徵，並於行動中展現對現實政治不妥協的態度。〔註17〕勞延煊在〈元明之際詩中的評論〉中，對劉基、王逢、戴良、宋訥等人在元明之際不同時期的詩作中發現，即使是明朝佐命功臣的劉基，仕明後仍對元朝懷有深厚的情感，且明初士人普遍對張士誠的興亡始終耿耿於懷。〔註18〕以上的研究成果顯示：第一，士人對元朝及張士誠治理下的生活滿懷回憶。第二，明初對吳中地區的治理方式，迥異於元末，使士人的生活產生重大的改變。因此，從歷史發展的脈絡來看，張士誠統治下的江南士人，歷經元朝、張士誠、明朝三個不同政權，對元朝與張士誠感到懷念，唯獨對明朝心存芥蒂。可見，江南士人在明朝開國前後的處境有很大的差異。

自南宋立國以來，江南地區無論在經濟、政治、文化上，比北方發展得

〔註14〕趙翼，《廿二史劄記》（臺北：仁愛書局，民國七十三年九月），卷三二，〈明初文人多不仕〉條，頁741。

〔註15〕錢穆，〈讀明初開國諸臣詩文集〉，收入包遵彭主編：《明代政治》（臺北：臺灣學生書局，民國五十七年八月），頁21。

〔註16〕錢穆，〈讀明初開國諸臣詩文集續篇〉，收入《中國學術思想史論叢》六（臺北：東大圖書公司，民國六十七年十一月），頁192。

〔註17〕參見陳建華，〈明初政治與吳中詩歌的感傷情調〉，《復旦學報》（社會科學版），一九八九年第一期，頁15。

〔註18〕參見勞延煊，〈元明之際詩中的評論〉，收入《陶希聖先生八秩榮慶論文集》（臺北：食貨出版社，民國六十八年），頁145～148。

更為迅速。南宋將國都定在臨安（今杭州），不僅將政治中心南移，更把全國的文化、經濟重心帶過了長江南岸。蒙元征服華北時之殺戮，使北方經濟的破壞加劇。但是，平定南宋卻採取招撫的政策，使江南得以在經濟、文化上持續南宋以來的繁榮。蕭啓慶認為，此一政策影響所及，使元朝成為江南人口優勢確立的時代，此一趨勢並持續到明朝。〔註 19〕在物庶民繁的情況下，元朝多賴江南財稅收入維持，「元都于燕，去江南極遠，而百司庶府之繁，衛士編民之眾，無不仰給於江南。自丞相伯顏獻海運之言，而江南之糧分為春夏二運，蓋至于京師者一歲多至三百萬餘石。」〔註 20〕有趣的是，明太祖發給百官的俸祿，同樣是取自江南官田。〔註 21〕因此，明初的江南社會歷經兩種不同型態的統治，卻相同地付出經濟上的成果以維持國家運作。

另一方面，在位者的政治措施對南、北士人的影響也很明顯，蕭啓慶的研究顯示，江南儒戶數當在十萬零六百四十七戶左右，北方漢地儒戶約為一萬四千戶，江南儒戶數遠勝過北方。〔註 22〕元代儒戶可以優免差役、減少賦役，使業儒之士能夠有別於一般編戶。因此，元朝對儒士的態度，並不像後世想像般那麼鄙視，無疑地，儒戶在元代地方社會佔有一定的地位。雖然讀書並不是儒戶所獨享的特權，但是南方儒戶數在數量上遠超過北方的事實，可見元朝仍然維持南宋以來的狀態，江南地區依然為士人眾多之地。達第斯（John W. Dardess）研究元朝儒家與儒學在元朝地位的發展及與統治者的關係，認為在至正元年（1341）脫脫主政後，儒學成為支配元朝的最高政治理念，儒家文化受重視的程度，與主政者的態度有很大的關係，〔註 23〕但並未對儒士地位的變化及元朝儒化的程度提出進一步的討論。〔註 24〕蕭啓慶認

〔註 19〕 蕭啓慶，〈蒙元統治對中國歷史發展影響的省思〉，《第二屆國際邊疆史學術研討會論文集》（臺北：臺灣師範大學歷史系，民國八十五年五月），頁 9。

〔註 20〕 《元史》（臺北：臺灣商務印書館，明洪武刊本，百納本二十四史，民國七十七年一月，臺六版），卷九三，〈食貨志一〉，頁 2364。

〔註 21〕 「百官之俸，自洪武初，定丞相、御史大夫以下歲祿數，刻石官署，取給於江南官田。」見張廷玉，《明史》（臺北：洪氏出版社，民國六十四年十一月，初版），卷八二，〈食貨志六〉，頁 2002。

〔註 22〕 參見蕭啓慶，〈元代的儒戶：儒戶地位演進史上的一章〉，收入氏著《元代史新探》（臺北：新文豐出版公司，民國七十二年六月），頁 16。

〔註 23〕 John W. Dardess, Conquerors and Confucians-Aspects of Political Change in Late Yuan China, （臺北：虹橋書局，民國六十三年二月），p.163.

〔註 24〕 胡其德，〈評達第斯「征服者與儒家——中國元末政治變遷」〉，《師大歷史學報》，第五期，民國六十六年四月，頁 6。

為，由於元代君主兼具蒙古大汗與中原帝王的雙重性格，統一後蒙元政權的性格與典型漢族王朝有很大的不同，因此元廷在政策上不能全盤採用漢法，更無法全面提倡漢化。〔註25〕

就江南的政治地位而論，由於元朝將契丹、女眞族劃歸爲「漢人」，與原屬於南宋臣民的「南人」，政治、文化立場截然不同。〔註26〕元朝統治者對漢人、南人也有不同的看法，元世祖至元二十四年（1287），曾派程鉅夫往江南訪求賢才，《元史》記其事曰：

> 詔以爲參知政事，鉅夫固辭。又命爲御史中丞，臺臣言：「鉅夫南人，且年少。」帝大怒曰：「汝未用南人，何以知南人不可用！自今省部臺院，必參用南人。」遂以鉅夫仍爲集賢直學士，拜侍御史，行御史臺事，奉詔求賢於江南。初，書詔令皆用蒙古字，及是，帝特命以漢字書之。〔註27〕

從元世祖任命程鉅夫爲御史臺臣時所受到的輿論壓力，可知江南人民政治地位的低下。雖然元世祖執意要提高江南士民的政治地位，就歷史事實而論，終元之世，南人仍然無法在政治的舞臺上展露身手。元軍於至元十三年（1276）攻佔南宋都城臨安，獲取江南廣大的土地與人民。至元十五年（1278）六月「詔汰江南冗官」，八月「追毀宋故官所受告身」〔註28〕，這些行政措施使南宋降官紛紛罷職。北方漢人歷經契丹、女眞統治時間甚長，在金元鼎革之際，士大夫與地方豪強紛紛投靠蒙古，獲得較南人爲高的政治地位。〔註29〕南人原被列爲民族等級的最下等，又受到元廷官員及北方漢人的歧視，政治參與機會降低很多。即使是江南的地方官，也是任用漢人，南人只能擔任下級官吏或胥吏，在政治上被刻意地疏遠。〔註30〕元朝在統治江南十餘年後，蒙古

〔註25〕 參見蕭啓慶，〈元朝的統一與統合──以漢地、江南爲中心〉，收入《中國歷史上的分與合學術研討會論文集》（臺北：聯經出版事業公司，民國八十四年），頁194。

〔註26〕 「金元取中國後，俱有漢人、南人之目。金則以先取遼地人爲漢人，繼取宋河南、山東人爲南人。元則以先取金地人爲漢人，繼取南宋人爲南人。」見趙翼，《廿二史箚記》，卷二八，〈金元俱有漢人南人之名〉條，頁630。

〔註27〕 《元史》，卷一七二，〈程鉅夫傳〉，頁4016。

〔註28〕 《元史》，卷十，〈世祖本紀七〉，頁203。

〔註29〕 參見蕭啓慶，〈元朝的族群政策與族群關係〉，收入《族群融合三千年》（臺北：歷史月刊社，民國八十五年三月），頁113。

〔註30〕 參見檀上寬，〈義門鄭氏と元末の社會〉，《東洋學報》，第六十三卷四期，一九八二年，頁92～93。

官員仍然對南人充滿了歧視，雖然元世祖忽必烈採取懷柔南方的政策：遣程鉅夫求賢於江南、江南求賢詔以漢字書寫等措施，但是元代的江南人民政治地位始終沒有提高。這種不平衡的差別對待，在當時人心中已有深刻感觸，江南有一首民謠唱道：「寒自江南暖，飢自江南飽，物物是江南，不道江南好。」〔註31〕可以看出江南人民對自己政治地位的低下已經心存不滿。

　　元代士人雖然在出仕機會及政治上的地位受到不公平的待遇，失去了傳統優越的身份。但是，元朝入主中國之後，基於統治上的需要，對士人仍有許多禮遇，士人在元代的地位並不如以往認爲是低落的，且元代的學校教育呈現多元性發展的面貌，地方教育並未因蒙元統治而中衰。〔註32〕于金生透過對元代地方學官的經濟狀況與政治活動的分析，評價他們在元代的社會地位。認爲絕大多數的學官都是屬於儒戶，享有法定的經濟權利和義務；在政治上，與政府官員保有較密切的關係。〔註33〕雖然學官不能代表士人全體，至少可以確定士人出身的學官在元代社會上具有一定的地位。

　　由於治理方式的不同，元明兩朝的社會風俗也有絕大的差異，明初方孝孺對元朝以來的社會習俗作了一番考察，他認爲：

> 元以功利誘天下，眾歡趨之，而習於浮誇。負才氣者以豪放爲通尚，富侈者驕逸自縱，而宋之舊俗微矣。大明御宇內今三十年，屢詔詰四方，鑱削元之遺弊，吾意士俗當復如宋時之美乎。〔註34〕

宋、元、明三代的社會風俗並不相類，可以從方孝孺這句話中得到一絲佐證；由於元代對於經濟管制的寬鬆，社會上充滿了逐利競奢的豪侈之風，甚至到了洪武開國後，明太祖有鑑於元亡之速，檢討其原因，認爲：「胡元以寬而失，朕收平中國，非猛不可。」〔註35〕「明祖懲元季縱弛，特用重典馭下，稍有

〔註31〕孔齊，《至正直記》，收入《叢書集成新編》第87冊（臺北：新文豐出版公司，民國七十四年），卷三，頁31a，〈曼碩題雁〉。

〔註32〕蕭啓慶，〈五年來海峽兩岸元史研究的回顧（一九九二～一九九六）〉，（國史館主辦：中華民國史專題第四屆討論會——民國以來的史料與史學，民國八十六年十二月），頁20。

〔註33〕參見于金生，〈元代的地方學官及其社會地位〉，《內蒙古社會科學》，一九九三年第三期，頁83～86。

〔註34〕方孝孺（1357～1402），《遜志齋集》（臺北：臺灣商務印書館，民國六十八年，臺一版），卷十四，頁42a～b，〈贈盧信道序〉。

〔註35〕劉基，《誠意伯文集》（臺北：臺灣商務印書館，民國五十七年十二月），卷一，〈皇帝手書〉，頁3。

觸犯，刀鋸隨之。」〔註 36〕可見這項移風易俗工程之艱鉅，益可見元末社會之習尚迥異於明初洪武改革後之儉樸社會。在嚴密的律法控制之下，明太祖統治下的明初江南社會與元末的寬鬆不可同日而語，相較於元明鼎革時的動盪，明初社會由豪侈轉入樸實，更是不容忽視的重大轉變。鄭克晟認為，江南的地主與士人，在元代由於政策寬鬆，勢力不斷擴大；明代則不斷迫害，橫遭打擊，江南社會的情況為之一變。〔註 37〕

綜上所論，江南地區經濟富庶，為人口密集之地，卻缺乏出仕的門徑，導致江南士大夫大多埋身於鄉校，或隱遁山林。〔註 38〕因此，在元代江南地區就有隱逸的風氣，這與明初士人多不仕的現象，似應有所關聯。朱元璋曾對士人多不仕的現象深有感觸：

> 前元待士甚優，而權豪勢要，每納奔競之人，夤緣阿附，輒竊仕祿；其懷材抱道者，恥與並進，甘隱山林而不出。風俗之弊，一至於此。
> 〔註 39〕

這段文字是明太祖於洪武三年（1370）八月，開設科舉時詔告天下的內容。明太祖自己也承認元朝對待士子甚為優渥，當時士人可以優游林泉而無憂，「甘隱山林而不出」儼然蔚成一股風氣，甚至成為「風俗之弊」了。時代風氣的形成是經歷長期醞釀而來的，從時間的承續來看，明初的隱逸風氣是從元朝延續而來的，因此，探討明初不仕現象，自不宜將元末士人的隱逸風氣略而不論。〔註 40〕

從元明之際士人的詩文集來看，彼等對明朝的觀感實有超乎我們的想像者。如王逢，江陰（常州府江陰縣）人，曾為張士誠謀劃策略，藉降元取得元朝的正式任命以對抗朱元璋。〔註 41〕他對蘇州城被陷、元朝大都覆亡等事件，

〔註 36〕趙翼，《廿二史劄記》，卷三二，〈明祖晚年去嚴刑〉條，頁 744。

〔註 37〕鄭克晟，《明代政爭探源》（天津：天津古籍出版社，一九八八年十二月），頁 1。

〔註 38〕蕭啟慶，〈元朝的族群政策與族群關係〉，頁 126。

〔註 39〕《明史》，卷七十，〈選舉志二〉，頁 1695。

〔註 40〕錢穆在〈讀明初開國諸臣詩文集〉中曾指出：「元雖不貴士，然其時為士者之物業生活，則超出編戶齊氓甚遠，此當縱論及於元代之社會情況及其經濟背景，非本文範圍所及。」見錢穆，〈讀明初開國諸臣詩文集〉，頁 49。可見並未將元代待士的傳統與地區性的社會經濟活動列入考慮，只從明初士人詩文集來論列此一現象。

〔註 41〕「張氏據吳，大府交辟，堅臥不就。」、「原吉為張氏畫策，使降元以拒臺，故其遊崑山懷舊傷今之詩，于張楚公之亡，有餘恫焉。」見錢謙益，《列朝詩

在詩文中表達了無限的激昂慨歎，在得悉徐達攻克平江、俘虜張士誠之後，他寫下〈聞吳門消息二首〉，其中有「三年弟傲群情懈，十月城圍百戰休；海島何人歌爲挽，華容有女淚空流。唇亡遂使諸蕃讋，板蕩將遺上國憂。」〔註42〕之句，其時已在至正二十七年（1367）九月，距離朱元璋即帝位僅三個多月，在王逢的詩句中並無朱元璋即將一統天下的喜悅與期盼。王逢於元明兩朝皆不仕，然而心懷故元，《明史》稱：「元亡後，惟（戴）良與王逢不忘故主，每形於歌詩。」〔註43〕這「不忘故主」的心結，與趙甌北歸結「明初文人多不仕」的原因爲「明太祖用重典治天下」，實有一段距離；而錢賓四所說的「昧於大義」、「無夷夏之防」，亦似乎無法確切地解釋當時士人的想法。

　　本文目的即在以江南地區爲中心，探討元末、張士誠時期、明初的隱逸現象，分別由三方面考察：第一，從元明之際政治社會背景，看江南隱逸形成的外在環境；第二，分析元明鼎革之際江南隱逸士人的不同類型及其隱逸原因，以略窺此一時代隱士之心態；第三，探討江南隱逸士人的交遊與生活，及其對地方社會之影響。希望本文能稍補前人研究之不足，並於明初江南士人社會之瞭解有所增益。

第二節　相關研究回顧

　　《史記・伯夷列傳》載，殷周之際伯夷、叔齊義不食周粟，隱於首陽山，採薇而食之，〔註44〕伯夷、叔齊認爲武王伐紂是一「以暴易暴」的不義行爲，爲了堅持自己的理念，不恥與周室共天下；其隱逸觀的根源，直接與政治理

集小傳》（臺北：明文書局，民國八十年），甲前集，〈席帽山王逢〉，頁54。《文淵閣四庫全書》〈梧溪集提要〉亦稱：「張氏據吳，東南之士咸爲之用，逢獨高蹈遠引。」見王逢，《梧溪集》，《景印文淵閣四庫全書》集部285（臺北：臺灣商務印書館，民國七十五年七月，初版），頁1a。《明史》載：「張士誠據吳，其弟士德用逢策，北降於元以拒明。」見《明史》，卷二八五，〈王逢傳〉，頁7313。可見王逢心向元朝，希望張士誠爲元室效力，並藉以對抗朱元璋，他雖獻策於張士德，卻志不在出仕。

〔註42〕此詩之前二句爲：「承制除封八鉅州，士恬馬飽正逢秋。」在王逢的眼中，張士誠爲元朝的屏藩，此兩句顯示吳地之地闊物阜，張士誠卻毫無備戰姿態，流露出王逢的腕扼之情。見王逢，前揭書，卷四，頁90b～91a，〈聞吳門消息二首〉。

〔註43〕《明史》，卷二八五，〈戴良傳〉，頁7312。

〔註44〕司馬遷，《史記》（臺北：鼎文書局，民國六十六年十月），卷六一，〈伯夷列傳〉，頁2123。

念相聯結。究竟隱逸觀之形成，與政治局勢變動之間，是否有一定程度的關聯呢？王仁祥檢視《詩經》中有關西周晚期到春秋中期的記載，〔註45〕認為隱逸的出現，基本上有兩個條件：一、必須存在一群受過教育，具有相當知識水平與道德修養，並有入仕資格的人。二、其所處的時代動盪衰微，或個人的處境艱困不安。〔註46〕小林昇在他的〈朝隱の說について隱逸思想の一問題〉中認為戰國時期的混亂造成政治局勢的動盪不安，是士人隱居在野不願出仕的一個重要因素。〔註47〕這種視外在政治環境以決定出處的隱逸，較接近孔子「天下有道則見，無道則隱」〔註48〕的「時隱」觀念。

其實，政治因素只是促成隱逸的原因之一，有些人並不以天下治亂為決定出處的標準，歷史上最顯著的就是道家的隱逸，尤以莊子全身避世的思想為代表。劉紀曜認為：「『出仕』根本就違反莊子的思想與原則，現實政治裡的君臣關係，在莊子眼中根本就是桎梏天性之物。」〔註49〕則莊子的人生哲學是「反仕」的，主張沒世無聞、與世隔絕的避世思想；孔子在他的旅途中所遇到的一些隱士，如楚狂接輿、長沮、桀溺、荷蓧丈人等，都是屬於莊子道家性的隱士。

洪安全研究兩漢的隱逸，提出「儒道混合性的隱士」的說法，指出有些士人不肯出仕，過著道家式的隱居生活，仍不忘儒者本業，〔註50〕符合漢朝以後儒道融合的趨勢。王仁祥研究兩漢的隱逸則指出，忠於舊政權而不仕新政權者，於王莽篡漢之時表現最為突出。其後光武中興，表彰氣節，這些亂世中的隱者遂為當世所崇敬，其事著之於史，又成為後世仿效的典範。自此之後，每當改朝換代之際，必有不仕新朝的隱逸，成為國史上的常態。〔註51〕

〔註45〕 在《詩經》的一些篇章中，可以發現貴族在不安的政治局勢及沈重的工作壓力下，沉吟出不如歸去的哀歎。如〈考槃〉，為賢人退隱，自詠其樂之詩；《陳風》〈衡門〉，為賢者甘貧而無求於外之詩。另如《小雅》的〈鶴鳴〉、〈白駒〉兩篇，都是隱逸自詠其心境的詩歌。參見王仁祥，《先秦兩漢的隱逸》（臺北：臺大出版委員會出版，臺大文學院發行，民國八十四年），頁34。

〔註46〕 王仁祥，前揭書，頁43。

〔註47〕 小林昇，〈朝隱の說ついて隱逸思想の一問題〉，《中國・日本における歷史觀と隱逸思想》（東京：早稻田大學出版部，一九八五年），頁253。

〔註48〕 《論語》（臺北：藝文印書館，據清阮元刻本影印，民國四十四年），〈泰伯第八〉，頁5a。

〔註49〕 劉紀曜，前揭文，頁309。

〔註50〕 洪安全，前揭文，頁139。

〔註51〕 王仁祥，前揭書，頁174。

　　朝代易鼎之際，士人直接面臨仕與隱的抉擇，尤其是在宋元、元明、明清之際，由於外族入主中國，士人的出處抉擇，動機甚爲複雜。周全曾將宋遺民依其事蹟分成四類：一是奮赴國難者，如文天祥；二是入元不仕，杜門著述，教授生徒，以薪傳民族大義，保文存種者，如王應麟。三是遁逃海外，圖謀匡復者，如祖元。四是嘯聚山林者，如周密、方鳳、鄭思肖等；其中以隱居山林者最多。他研究林景熙、唐珏的生涯事蹟指出，兩人於宋朝皆未出仕，入元後仍以宋遺民的身份自居，受到忠節及夷夏觀念影響甚大。〔註 52〕周全並研究宋遺民的詩作，發現他們詩中充滿感傷國事、自悼身世、詠史明志等特色，〔註 53〕透露出遺民傷國憂民的悲憤心情。王次澄研究元初宋遺民組成的月泉吟社的詩作，認爲遺民詩社除了讓他們紓解亡國之痛與故宋懷思外，另具有以詩會友與滿足科舉的嚮往，除此之外，詩社亦提供豐厚的給賞，滿足遺民現實生活上的需要。〔註 54〕

　　關於元代士人的研究，蕭啓慶認爲元代士人，尤其是江南士人，在出仕的時候面臨兩大困難：第一、元朝用人取才最重家世，即當時所謂「根腳」。元朝中期以前，一直未恢復科舉制度，漢族士人遂喪失此一主要的入仕管道。第二、元朝實行種族階級待遇制度，且元廷對南人極爲猜忌，北方漢人對南人甚爲歧視。〔註 55〕這是從制度面上來討論元代士人，尤其是江南士人出仕的困難。王明蓀的研究指出：「元代用人取士頗受苛評，多以爲表面雖崇儒，實則刻薄限制；科舉及各種選法，意在牢籠而不予士人正當出路。」〔註 56〕在這仕途無望的局勢下，元代士人的出處就跟其他時代有很大的不同。他並從元人的筆記中整理了七點元人不仕而隱的情形：一、以爲自己出仕的條件或能力不足。二、以朝廷之政風及需要不合意者。三、以欽慕古隱逸之士者。四、以道不行、時不用而隱者。五、屬於類似人生觀的不仕者。六、忠於故

〔註 52〕 周全，〈宋遺民林景熙與唐珏〉，《臺北師專學報》，第十二期，民國七十四年六月，頁 55。

〔註 53〕 周全，〈宋遺民詩試論〉，《臺北師院學報》，第一期，民國七十七年六月，頁 432～434。

〔註 54〕 王次澄，〈元初遺民詩人的桃花源——月泉吟社及其詩〉，《河北學刊》，一九九五年第六期，頁 67～68。

〔註 55〕 蕭啓慶，〈宋元之際的遺民與貳臣〉，《歷史月刊》，第九十九期，一九九六年四月，頁 57。

〔註 56〕 王明蓀，《元代的士人與政治》（臺北：臺灣學生書局，民國八十一年），頁 92。

國之義而隱退者。七、為義而隱者。〔註 57〕這些對元世隱逸士人的考察，當可對本文研究元明之際的隱逸士人時，提供類型分析上的幫助。

儒家或道家的隱逸觀原為隱逸思想的主要根源，在佛教傳入中國之後，形成另一種與世無爭的隱逸觀念，牟復禮（Frederick W. Mote）在分析元朝的隱逸觀時，根據不同的隱逸行為而區分成儒家、道家、佛家等三種不同的隱逸觀，士人有可能選擇出世為道士或僧侶，以達成隱逸的目的，這三種不同的隱逸觀並不完全各自獨立互不相干，他們之間也有互相交流之處。〔註 58〕這種不同的隱逸觀相互作用的情形，與宋元之後儒、釋、道三教漸趨融合的趨勢是一致的。他把儒家隱逸的情況分為兩種：一種是義務性的隱逸（Compulsory Eremitism），即亡國之臣有義務為故國守節，終身不仕。另一種是自願隱逸（Voluntary Eremitism），士人基於道德的看法，覺得環境不適合出仕時，則採取隱逸的作法。〔註 59〕近年來，已有學者認為這種分類並不完全，無法涵蓋所有隱士的情況。〔註 60〕

至於元人出仕的動機，周祖謨認為有些士人是因為年老、家貧無法生活而出仕，有些士人是因為出任文學掾吏可以免除徭役而出仕，有些士人認為出仕可以避免民族歧視，另外有些士人是因為道、義而出仕。〔註 61〕蕭啟慶在〈宋元之際的遺民與貳臣〉中也指出：「權位的誘惑、貧困的煎熬以及對元朝統治性質認知的改變，驅使甚多遺老接受元廷徵召，重登仕途。」〔註 62〕他從江南士大夫的詩文中，觀察遺民不得不出仕的困窘。類似的狀況，遠在陶淵明時就發生過了，施逢雨指出：「陶淵明之出仕本來就部份出於貧窮的驅使，在生活上算是一種需要。」〔註 63〕在這篇文章中，作者探討了一個有趣的問題，是否隱士的生活真如想像中飄逸自然？接著說道：「陶淵明的窮困還

〔註 57〕 王明蓀，前揭書，頁 279～282。

〔註 58〕 參見 Frederick W. Mote,"Confucian Eremitism in the Yuan Period," in Arthur F. Wright ed., The Confucian Persuasion, Stanford: Stanford University Press, 1960, p.204.

〔註 59〕 參見 Mote，前揭書，pp.203～209.

〔註 60〕 參見王成勉，〈明末士人的抉擇——論近代明清轉接時期的研究〉，《食貨月刊》，第十五卷九、十期合刊，民國七十四年四月，頁 66。

〔註 61〕 周祖謨，〈宋亡後仕元的儒學教官〉，《輔仁學誌》，第十四卷一、二合期，民國三十五年十一月，頁 205～207。

〔註 62〕 蕭啟慶，〈宋元之際的遺民與貳臣〉，頁 64。

〔註 63〕 施逢雨，〈陶淵明隱居生活中的困逆與感慨〉，《大陸雜誌》，第七十九卷二期，民國七十八年八月，頁 53。

另有它比一般窮困更酸楚的地方。由於他的窮困是自己選擇的,所以他常面對著無盡的窮愁。」〔註64〕這些研究,對本文探討元明之際的江南隱逸,都極具啟發性。

元明之際士人的出處頗受重視,除了上述錢穆、勞延煊、陳建華等學者從士人的詩文集著手,發掘明初士人懷有故國之思外,林麗月在〈讀《海桑集》──論元明之際陳謨(1305～1400)的出處及其後世評價〉文中指出,陳謨在〈通塞論〉中所主張的出處觀,乃是以維護道統爲出發點,並未因不仕元朝而喪失了對道的義務,也並未因拒絕明太祖的徵辟而否定自己對道的堅持。陳謨的青壯時期在元朝度過,因會試不中,在蒙元統治時期始終不曾仕宦,主要活動是在江西講學。史稱陳謨講學江西,馳名遠近,天下士皆曰:「大江之西有大儒焉,海桑先生是也。」〔註65〕可見,在蒙古人主宰中國之際,既然無法出仕以行其道,在野講學既能傳承文化薪火,又能將儒家的政治主張發揚光大,與在朝當官,具有不同層次的文化意義,實不容忽視。元末士人在野從事文化傳承工作,給「隱」下了一個積極的定義,這是日後對隱逸士人做相關研究時,應該注意到的一層意義。另外,陳謨既未曾仕元、又不仕明,其出處觀甚爲複雜,不能因爲其不仕於明,而將之歸類於忠於元朝、不仕新朝的遺民,也不能因爲他曾在元末(至正二十六年)爲韶州地方官撰賀表迎王師一事而判定他不忠於元朝,或將他視爲心向明朝的儒生。〔註66〕

劉祥光在〈從徽州文人的隱與仕看元末明初的忠節與隱逸〉中指出,元末鄭玉的隱居不仕並不全是因爲政治上的關係,鄭玉始終沒有出仕元朝,一生從事傳道授業的教育工作,在留給家中的遺書中卻提到「爲天下立節義,爲萬世明綱常」的忠義理念。劉文指出:元代儒家退隱觀念受到兩個因素的影響極大,一是宋儒對「爲己」的詮釋在觀念上的突破,給予學者對退隱觀有理論上的基礎──「爲己之學」本身牽涉到學者的個人體驗,在與經典的互動過程中,發現以道自適的新解釋。另一則是元儒在出仕之途變窄後,投身於講學、著作之中,卻發現處於鄉野,以道自任所背負的責任並不比出仕

〔註64〕 施逢雨,同前註,頁56。
〔註65〕 參見林麗月,〈讀《海桑集》──論元明之際陳謨(1305～1400)的出處及其後世評價〉,《第一屆全國歷史學學術討論會論文集》(臺北:臺灣大學歷史系,民國八十五年),頁4～5。
〔註66〕 林麗月,前揭文,頁9。

輕。〔註67〕鄭玉既不仕於元朝，又爲元朝死節，其隱逸觀應由此理解。

　　元末江南士人對明政權的建立有很直接的關係，達第斯以劉基、王褘、宋濂、胡翰爲研究對象，考察元末浙東儒士與朱元璋的關係，認爲他們與元朝其他地區的士人有所不同，在元末動盪之際，盡己所能參與地方弊政的改革，擁有熱忱的「救世」（saving the world）思想。當改革與平定亂世的理念無法達成之時，他們轉而尋求新政權爲達成理念的託付對象，以實現儒家賦予士人的經世理想。除了胡翰之外，其餘三人對明初中央制度的確立，提供了莫大的幫助。〔註68〕檀上寬對明朝政權的建立進行考察，指出朱元璋初起之後，由鳳陽南下發展，元末「浙東地主」大批加入朱的陣營，他們在軍糧的補給與地方治安的維持上，對明王朝的建立有莫大的幫助。〔註69〕

　　明清之際士人的研究，更受到學界的矚目。對於朝代更替之際士人出處的解釋，藍德彰（John D. Langlois Jr.）的研究認爲，清初士人多以文化主義（Culturalism）的觀點來觀察外族入主中國。〔註70〕許多士人從元朝的統治中尋求對自身的定位，他們認爲維持文化延續是最重要的事，文化主義影響下的士人，對「忠」不再像以往那般堅持；就這個理論而言，出仕外族只是一種手段，而使文化傳遞綿綿不絕才是這些出仕異族者心中的理想。王成勉對明清轉接時期研究的評述指出，在探討士人對前朝的忠心時，要注意他們的年齡，若是亡國之時仍未成年，則不應勉強將之歸爲前朝遺民。〔註71〕何冠彪研究遺民子弟的去向指出，有些明遺民派遣子弟出試及出仕，才能維持他們的生計；有些則是爲了保護身家。〔註72〕因爲遺民子弟在明亡時尚未成年，則不應以忠節觀套用在他們身上，也不應責怪遺民允許或鼓勵子弟出仕。此

〔註67〕劉祥光，〈從徽州文人的隱與仕看元末明初的忠節與隱逸〉，《大陸雜誌》，第九十四卷一期，民國八十六年一月，頁32～48。

〔註68〕John W, Dardess, Confucianism and Autocracy: Professional Elites in the Founding of the Ming Dynasty, Los Angeles: University of California Press, 1983, pp.128～129.

〔註69〕檀上寬，〈明王朝成立期の軌跡～洪武朝の疑獄事件と京師問題をめぐって〉，《東洋史研究》，第三十七卷第三號，一九七八年十二月，頁4～5。

〔註70〕John, D. Langlois Jr.,"Chinese Culturalism and the Yuan Analogy: Seventeenth-Century Perspectives", in Harvard Journal of Asiatic Studies, Vol.40, No2, December 1980, p.356.

〔註71〕王成勉，前揭文，頁66。

〔註72〕何冠彪，〈明遺民子弟出試問題平議〉，《故宮學術季刊》，第七卷一期，民國七十八年，頁53。

外，何冠彪對明季士大夫殉國情形的研究指出，明季士大夫以生與死的抉擇
為開端，面臨的是一連串的選擇。當他們在生與死之間作出決定後，才產生
殉國、起義、歸隱甚或仕敵的取向，不少士人可能會面臨數次生與死的抉擇。
〔註73〕

　　綜上所述，可知學界關於元明之際江南的隱逸，迄未有較整體的歷史考
察。本文嘗試從前人研究成果出發，針對江南地區歷經元明兩朝、三個不同
政權的士人群體進行考察，以瞭解蒙古統治下的江南士人之處境，以及在元
明易代之際的出處抉擇及士人心態。

第三節　研究範圍說明

　　元明之際士人的隱逸風尚，如錢穆所言，乃是一普遍的時代風潮。可以
說是「由一個時代一大群人的共同創造，這一大群人的內心激盪著自己所處
階層的普遍願望。」〔註74〕當然並不局限於江南一帶。然而，江南地區在元
末受戰火的波及較少，士人多群相避難於張士誠治下的吳中地區，是當時士
人文化活動至為頻繁的地區。且明初對江南地區的人文、經濟社會刻意加以
重新改造，使此一地區產生重大的轉變，相較於其他地區，更能看出隱逸士
人群體所呈現的歷史意義。

　　本文研究之時代斷限，起於元順帝至正年間（1341～1368），迄於明太祖
洪武年間（1368～1398）。至正朝是元季由盛轉衰的重大關鍵，且元末江南在
張士誠的治理之下，約有十年（1356～1367）之久的太平歲月，是當時士人
逃避兵亂群聚之地，士人多依附張士誠，入明之後多遭受明太祖的猜忌與迫
害，同時受到用重典「鏟元遺弊」的影響。本文希望從元末到明初江南社會
政治的變遷，觀察江南社會在步入新政權之後的轉變，以考察「明初文人多
不仕」這一現象之原因及其變化。

　　本文所指稱之江南，包含元末張士誠所統治之江南地區：湖州、杭州、
紹興、嘉興、松江、平江諸路及無錫州，〔註75〕相當於明朝的南直隸長江以

〔註73〕參見何冠彪，《生與死：明季士大夫的抉擇》（臺北：聯經出版事業公司，民
　　　　國八十六年十月），頁6～7。
〔註74〕朱子儀，〈魏晉《高士傳》與中國隱逸文化〉，頁74。
〔註75〕「時湖州、杭州、紹興、嘉興、松江、平江諸路及無錫州皆張士誠所據。」
　　　　見《元史》，卷四十七，〈順帝本紀十・至正二十六年十一月甲申〉，頁977。

南諸府：常州府、蘇州府、松江府，及浙江嘉興府、湖州府、杭州府、紹興府等七府。蓋長江以南地域，皆可泛稱爲江南，是爲廣義之江南。〔註76〕中國歷史上所稱的「江南」，係指長江以南的江蘇省與浙江的錢塘江兩岸地區。〔註77〕本文研究範圍爲狹義之江南地區。

　　以蘇州府爲中心的江南地區，其府下的太倉州、崑山、常熟、吳江、嘉定諸縣，附近的松江、長洲、湖州諸府也在其周圍，成爲衛星都市。〔註78〕蘇州城是元末張士誠統領江南時的治所，宮崎市定在論及蘇州文化的特色時，特別將明初朱元璋對此一地區經濟、文化的打壓，視爲影響蘇州地區文化的重要因素之一。他認爲明太祖對江南的壓迫政策，形成了蘇州人的「反抗精神」。士大夫在這種自發性的「反抗精神」之下，「儘管有進士、舉人、生員等某種學位，或持有在其之上的官位職銜，而被承認有高於一般民眾的特權地位，但他們最熱愛其誕生的故土，欲與鄉里民眾共甘苦。這種所謂隱者式的士大夫則被稱爲市隱。」〔註79〕從宮崎市定對蘇州文化的敘述，可知元末明初的隱逸風潮對後世的影響甚大，值得加以專題論述。

　　本文徵引之資料，除了正史及實錄外，多用元明士人之詩文集、筆記，兼及後世對此時期士人之評述。因本文研究範圍界定於江南地區，亦採用地

〔註76〕有些學者以廣義的江南爲研究範圍，如黃清連，〈元初江南的叛亂〉定義：「本文所指『江南』地域的範圍，是採廣義的用法，即泛指元初版圖中長江以南的區域。」見黃清連，〈元初江南的叛亂〉《中央研究院歷史語言研究所集刊》，第四十九本第一分，民國六十七年，頁38。本文定義之江南，特以元末張士誠佔領地域爲限，紹興府雖屬浙東，但與杭州、蘇州等地關係密切，仍爲張氏政權底下士人交相酬唱之活動區域，亦在本文研究範圍之內。

〔註77〕見王強華編著，《中國現代地理大辭典》（臺北：強華出版社，民國八十年，初版），頁576。研究江南之學者所定義之江南亦各自不同，范金民定義江南爲：「應天、鎮江、蘇州、松江、杭州、嘉興、湖州八府。」見范金民，〈明代江南進士甲天下及其原因〉，第一屆兩岸明史學術研討會論文，民國八十五年七月，頁1。呂景琳的定義爲：「江南，蓋指蘇、松、常、鎮、杭、嘉、湖七府，即長江三角洲及杭州灣一帶。」見呂景琳，〈明代北方經濟述論──兼與江南經濟比較〉，第一屆兩岸明史學術研討會論文，民國八十五年七月，頁1。劉石吉定義江南指：「長江以南屬於江蘇省的江寧、鎮江、常州、蘇州、松江各府及太倉直隸州，以及浙西的杭州、嘉興、湖州三府所屬各縣。」見劉石吉，《明清時代江南市鎮研究》（北京：中國社會科學出版社，一九八七年六月），頁1。

〔註78〕宮崎市定，〈明代蘇松地方的士大夫和民眾〉，收入劉俊文主編、黃約瑟等譯，《日本學者研究中國史論著選譯》六（北京：中華書局，一九九二年），頁230。

〔註79〕同前註，頁233。

方志作為描述社會狀態之重要資料，以為本文重構明初江南社會之憑藉。

　　在章節安排上，除了第一章緒論及第五章結論外，第二章探討元末江南士人與政權的關係，分析元朝與張士誠政權底下江南士人的處境，以觀察元末以來的不仕風氣。第三章就筆者整理史籍所得的明初隱逸，分析其在元明之際不同的仕隱經歷，歸納為四種類型，並從明太祖與士人的緊張關係，觀察明初士人面臨鼎革之際的出處抉擇，以及明初隱逸士人的不仕原因。第四章探討元末明初士人之間的活動與營生方式，並觀察在元明之際政治、社會的急遽轉變，對士人群體造成的影響，以及隱逸在脫離了以仕宦為經世濟民的途徑之後，憑藉修身、齊家的淑世理想，致力於鄉里教化，在地方文教發展上所扮演的角色。

　　由於隱逸士人多半沒世無聞，本文嘗試由詩文追索隱逸士人之行跡，及推敲元明之際隱士之思想心態，難免有所遺漏或不足，期待日後能有更豐富的史料與發現，以進行更進一步的研究。

第二章　元末江南士人與政權的關係

第一節　蒙元統治下江南士人的處境

　　自南宋遷都臨安（今杭州）以來，江南地區即成為文教發達的首善之區，且經濟富裕，富豪之家所在皆是。元朝平定江南的過程中，對該地的經濟破壞不大，且以寬鬆的法令治理，使江南地區仍能維持文風鼎盛的傳統。在平定江南之後，元政府為了鞏固政權與爭取南方士民的支持，對富民階層既有的財產加以保護，並且注重儒士階層的培養與維護，使江南士人逐漸認同元政權的統治。但是，在元朝輕視南人及科舉登進之途狹隘的時代背景下，江南士人群體間逐漸形成一股不仕之風，迴異於以往「學而優則仕」的士大夫觀念。

一、江南士人物質生活的優渥

（一）江南地區貧富差距的擴大

　　元世祖至元十三年（1276）二月，宋室投降，江南開始納入元朝版圖。早在至元十一年元世祖命中書右丞相伯顏率大軍攻宋之時，即聽取姚樞進言「宋太祖遣曹彬取南唐，不殺一人、市不易肆事。」〔註1〕詔諭伯顏「昔曹彬以不嗜殺平江南，汝其體朕心，為吾曹彬可也。」〔註2〕、「無辜之民，初無

〔註1〕《元史》，卷一五八，〈姚樞傳〉，頁3713。
〔註2〕《元史》，卷一二七，〈伯顏傳〉，頁3100。

預焉，將士毋得妄加殺掠。」〔註3〕因此，元軍在取江南的過程中，並未如平定北方地區一般，所至「城郭爲墟，暴骨如莽」〔註4〕，使江南地區的社會經濟，不致受到改朝換代太大的影響。元季士人陶宗儀特別推崇元世祖的平定江南，實奠基於「不嗜殺人」的策略，〔註5〕而此一策略之形成，姚樞等漢人的進言實居首功。元朝脫離了攻城掠地時的殺戮，改變了先前攻取城邑之後即委之而去的掠奪作法，〔註6〕改以置兵戍守，使土地、人民得以安頓。因此，元朝統治下的江南地區，經濟得以維持一定的成長。元代湖州路戶數的增加，可以驗證以上所述的情況：

時間	戶數
宋大中、祥符間（1008～1016）	129510
熙寧中（1068～1078）	145120
紹興中（1131～1162）	159885
淳熙九年（1182）	204509
元至元二十七年（1290）	236577
明洪武二十四年（1391）	200048

資料來源：（明）粟祁、唐樞等撰，《湖州府誌》（明萬曆刻本，國家圖書館藏景照本），卷五，〈戶口〉，頁二。

至元二十七年湖州的戶數比一百多年前的南宋孝宗淳熙九年，多了三萬二千戶。因爲此時距元滅宋未久，民力尚未完全恢復之故，但戶數仍有所增加，屬於正面的成長。到洪武二十四年，反而減少三萬六千多戶，一來是因爲元末大亂，人民散亂流離，〔註7〕尚未恢復生業，另外則是明初的遷徙政策所致。〔註8〕可見，在元末大亂之前，江南地區仍然持續南宋以來的人口增長。

〔註3〕 《元史》，卷九，〈世祖本紀五〉，頁155。

〔註4〕 （元）王惲，《秋澗集》，《景印文淵閣四庫全書》集部139（臺北：臺灣商務印書館，民國七十五年七月，初版），頁6b，〈堆金塚記〉。

〔註5〕 陶宗儀，《輟耕錄》（臺北：世界書局，民國五十二年四月），卷一，〈平江南〉，頁28。

〔註6〕 「（太祖之世）近臣別迭等言：『漢人無補於國，可悉空其人以爲牧地。』」見《元史》，卷一四六，〈耶律楚材傳〉，頁3458。

〔註7〕 「江南自兵興以來，官軍死鋒鏑，郡縣薦罹饑饉。鄉村農夫，離父母、棄妻子，投充壯丁，生不習兵，而驅之死地。」見陶宗儀，《輟耕錄》，卷二九，〈紀隆平〉，頁440。

〔註8〕 據徐泓研究可知，明太祖爲消除江南地區擁護張士誠的勢力及降低該地的人

在平宋之後，元朝開始重視士人，提倡漢化。〔註9〕元世祖「敕諸路儒戶通文學者三千八百九十，並免其徭役。」〔註10〕雖然只有部份士人得到優禮，卻顯示元朝對儒生的重視，元朝統治者深知熟悉儒家義理的士人有安定地方社會的功用，對士人的地位加以一定的保障。且部份蒙古官員對儒生頗為禮遇，如《浦江志略》載當地的達魯花赤〔註11〕廉阿年八哈，「禮致儒生，俾弟子員講肄之；公退之暇，輒諸講堂，與諸老儒敷明化民成俗之意。」〔註12〕由於廉阿年八哈在任時盡心民事，浦江縣民念其恩德，於至正中為其立生祠。廉阿年八哈認同儒家文化並多加維護的事實，宋濂在至正九年（1349）撰寫《浦陽人物記》以襄佐教化，其內容有幾項特點：

> 使一縣之內數百年之間，忠君孝父之則，施政為學之方，以及女婦
>
> 之範模，莫不粲然畢具。〔註13〕

從《浦陽人物記》內容所羅列的教民準則，可以知道元朝治理江南仍然遵從儒家忠君孝父的一貫傳統，甚至連宋濂等地方大儒亦輔佐元朝的色目官吏施行儒教。

　　然而，當元朝初統江南時，其軍士掠奪的遺習仍未盡除。至大中（1308～1311），「鎮守軍多悍鷙剽奪，負郭田稻熟將收，軍結茅屋，晝夜宿其中，民甚苦之。」〔註14〕可見在元朝統治江南初期，雖然元世祖下詔「凡管軍將校及宋官吏有以勢力奪民田廬者，俾各歸其主。」〔註15〕實際上，元朝的地方吏治多因人而異，故在史籍上的記載參差不齊，不可一概而論。關於「吏民

口壓力，實施人口遷移政策。洪武十四年浙江省人口佔全國 17.64%，到洪武二十四年減少至 15.25%。參見徐泓，〈明洪武年間的人口移徙〉，收入《第一屆歷史與中國社會變遷研討會論文集》（臺北：中央研究院三民主義研究所，民國七十一年），頁 256～257。

〔註 9〕參見鄭克晟，〈元末的江南士人與社會〉，《東南文化》，一九九○年第四期，頁 20。

〔註 10〕《元史》，卷九，〈世祖本紀六〉，頁 181。

〔註 11〕「達魯花赤：凡縣事皆掌其御，謂之監縣，兼勸農事。」見毛鳳韶，《浦江志略》，收入《天一閣藏明代方志選刊》第 7 冊（臺北：新文豐出版公司，民國七十四年），卷三，頁 1b，〈官制〉。

〔註 12〕毛鳳韶，《浦江志略》，卷三，頁 13b，〈名宦〉。

〔註 13〕毛鳳韶，前揭書，卷三，頁 10b，〈書籍〉。

〔註 14〕田琯，《新昌縣志》，收入《天一閣藏明代方志選刊》第 7 冊（臺北：新文豐出版公司，民國七十四年），卷九，頁 4b，〈縣官〉。

〔註 15〕《元史》，卷九，〈世祖本紀六〉，頁 186。

夤緣爲姦」〔註16〕、「應役之家，每困於征需」〔註17〕等記載亦層出不窮。元代治理江南，基本上是因循儒家的理念而行，卻因法治的寬鬆，致令江南富豪勢力陡然興盛。《元史》載：

> 國制，既平江南，以兵戍列城，其軍長之官皆世守不易，故多與富
>
> 民樹黨，因奪民田宅居室，盡有司政事，危害滋甚。〔註18〕

元朝在江南除派遣官吏分治，另有鎮戍軍守衛地方重鎮，鎮戍軍多用漢軍及新附軍。〔註19〕至元二十年（1283），揚州爲江浙行省省治，然其駐軍僅留蒙古士卒千人而已，其餘皆爲漢軍及新附軍。是故，江南地區的鎮戍軍甚易與地方勢力相結合，融入繁榮奢侈的生活中，葉子奇《草木子》記載：

> 元朝自平南宋之後，太平日久，民不知兵。將家之子，累世承襲，
>
> 驕奢淫逸，自奉而已。至於武事，略不之講，但以飛觴爲飛炮，酒
>
> 令爲軍令，肉陣爲軍陣，謳歌爲凱歌，兵政於是不修也久矣。〔註20〕

葉子奇爲江西龍泉人，身歷元明兩朝，所著《草木子》，於「元時得失，綱舉目張」〔註21〕，葉氏距元世不遠，且其本身見聞廣博，所記當可傳信。大體而言，元滅宋後，天下無事，其武備的廢弛與元世祖定下的「鎮戍軍世守不易」的祖宗之法有關。軍事統領的後代，出生之後未曾經歷戰事，仍然承襲祖蔭身爲統帥，但無軍事統領之才，終日沈醉在歌舞昇平的繁華生活之中。

元人陳高記載將校子弟世襲父業的景象稱：

> 邊城將家子，十歲承華胄；腰懸金虎符，萬夫擁前後；
>
> 上馬未勝甲，引彎猶脫肘；日日驅官軍，指揮縱鷹狗。
>
> 生當太平世，無復事爭鬥；天家賜高爵，膂力吾何有；
>
> 但問祖父資，莫問能事否。〔註22〕

可見，在世蔭制度下的戍守將領，生活逐漸趨於華靡。這些將校之子得以享

〔註16〕田琯，前揭書，卷九，頁3a，〈縣官〉。

〔註17〕毛鳳韶，前揭書，卷三，頁13a，〈名宦〉。

〔註18〕《元史》，卷九九，〈兵志二〉，頁2541。

〔註19〕「淮江以南，地盡南海，則名藩列郡又各以漢軍及新附軍戍焉。」見《元史》，卷九九，〈兵志二〉，頁2542。

〔註20〕葉子奇，《草木子》，卷三，頁10b～11a，〈克謹篇〉。

〔註21〕葉子奇，《草木子》，頁2a，清·蘇遇龍，〈乾隆重刻本序〉。

〔註22〕陳高，《不繫舟漁集》，《景印文淵閣四庫全書》集部280（臺北：臺灣商務印書館，民國七十五年七月，初版。），卷三，頁13a，〈感興〉。

受太平盛世的成果，與江南富民樹黨有很大的關係。大德六年（1302），元成宗與臺臣間有一段對話如下：

> 「江南富戶，侵佔民田，以致貧者流離轉徙，卿等嘗聞之否？」臺臣言曰：「富民多乞護持璽書，依倚以欺貧民，官府不能詰治，宜悉追收爲便。」〔註23〕

江南富戶與這些軍長交結，趁機從中獲取政治庇蔭，連官府也無法過問他們的非法行爲，況且這些富戶可以藉由「納粟」〔註24〕取得功名，更加助長他們在地方上的權勢；富家大族在地方上的勢力，對元朝政令在江南的推行有很大的影響。元朝以寬平的法令治理江南，使富家大族更易積累家產：

> 元平江南，政令疏闊，賦稅寬簡；其民止輸地稅，他無徵發。以故富家大族役使小民，動至千百。〔註25〕

因此，元朝統治下江南富戶自居於上層，是那些身無寸土的貧民所無法相比的。至元二十二年（1285）二月，元世祖下詔：「江南有地土之家，招募佃客，所取租課，重於公數倍，以致貧民缺食者甚眾。今擬將田主所取佃客租課，以十分爲率，減免二分。」〔註26〕江南私租過重，是南宋以來的地方傳統，有元一代，關於減私租的記載見於《元典章》的即有四次：至元二十年十月（1283）、至元二十二年（1285）二月、至元三十一年（1294）十月、大德八年（1304）。前後二十年間再三詔示富戶減免私租，可見私租問題在江南地區的嚴重程度，但因富戶與權勢結合而無法有效遏止此種剝削佃民的風氣。松江人吳履震於《五茸志逸隨筆》中回憶元末富戶在江南的情形道：

> 勝國（指元朝）時，法網疏闊，徵稅極微。吾松（松江）僻處海上，頗稱樂土。……一家雄據一鄉，小民懾服，稱爲野皇帝，其墳至今稱爲某王墳塋。〔註27〕

〔註23〕《元史》，卷二十，〈成宗本紀三〉，頁439。

〔註24〕「天曆三年（1330），河南、陝西等處民饑。省臣議：『江南、陝西、河南等處富實之家願納粟補官者，驗糧數等第，從納粟人運至被災處所，隨即出給勘合朱鈔，實授茶鹽流官，咨申省部除授。』」見《元史》，卷八二，〈選舉志二〉，頁2053。

〔註25〕于愼行，《穀山筆塵》（臺北：學海出版社，民國五十八年二月，初版），卷十二，頁15，〈賦幣〉。

〔註26〕《大元聖政國朝典章》（臺北：文海出版社，民國五十三年四月，初版），卷三，頁60，〈聖政〉減私租條。

〔註27〕轉見謝國楨編：《明代社會經濟史料選編》三（福州：福建人民出版社，一九

元朝在江南法令寬大的一面，尤其表現於徵稅之上，這在唐宋江南成為重賦區以來，是一件令後人懷念的善政。清初海寧（杭州府海寧縣）人談遷曾說：「宋時徵賦八分，版曹往催其賦。平江粟二百萬，元人減之僅百萬。」〔註28〕由此可見，元朝對江南的徵稅極少。

但是，平民卻要向富戶地主繳納重於公租數倍的私租，朝廷免除私租的美意，只有富戶們受益，佃戶仍要將私租全數交與富戶。〔註29〕富戶在鄉間的權勢可比擬為「野皇帝」，可以想見其生活之奢裕、權勢之隆盛；佃戶家中的子女，「生男便供奴役；若有女子，便為婢使，或為妻妾。」〔註30〕男婚女嫁時，也要給予富戶相當的贈禮，方許成親。〔註31〕人民的田業也多數轉到豪家名下，無法自行買賣。〔註32〕佃戶居住在鄉間，「茅房土屋，僅避風雨」；城中「富宦之家，多高堂廣廈，雜用諸色木植，周圍繞以磚牆。」〔註33〕貧富兩者形成明顯的對比。

（二）富民對江南文風的提倡

富室與士人相結納，富人可以獲得好士的美譽，士人可以得到富室的資助，專務於藝文創作活動。因此，江南承襲南宋以來的文化風氣而得以繼續發展，在從政出仕之路狹隘的歷史背景下，元時士人在詩文上尤須有很大的造詣。戴良曾抒發此時代中，士人欲以詩文名世的無奈心理：

> 士未嘗欲以文名世也，以文名世者，士之不幸也。有可用之材，當

八〇年三月），頁154。

〔註28〕 談遷，《北游錄》（臺北：鼎文書局，民國六十七年七月，初版），〈上大司農陳素菴書〉，頁263。

〔註29〕 「蠻子（南人）百姓每（們），不似漢兒（漢人）百姓每（們）。富戶每（們）有田地，其餘他百姓每（們）無田地，種著富戶每（們）的田地，養和喉嗦系（疑指鵝），納更租稅有。如今稅糧免三分呵，於窮百姓每（們）無益有，在前先皇帝江南免二分地稅時，也道已免了的二分，地主每（們）都卻休轉問佃戶每（們）要者。」見《大元聖政國朝典章》，卷三，頁60，〈聖政〉減私租條。

〔註30〕 《大元聖政國朝典章》，卷五七，頁12，〈禁典催〉禁主戶典賣佃戶老小條。

〔註31〕 「佃客男女婚姻，主戶常行攔當，需求鈔貫、布帛禮數，方許成親。其貧寒之人，力有不及，以致男女怨曠失時，淫奔傷俗。」出處同前註。

〔註32〕 「買賣田宅，舊有先親後鄰之例，而今民業多歸勢要，雖親與鄰，不得占執。告到官府，無力與辯，業在豪家，終為所有。」見陳邦瞻編，《元史紀事本末》（臺北：三民書局，民國四十五年六月，初版），卷十一，〈律令之定〉，頁63。

〔註33〕 田琯，《新昌縣志》，卷四，頁5b～6a，〈宮室〉。

可爲之時，大之推德澤於天下，小之亦足以惠一邑、施一州，盡其

心力於職業之中，固不暇爲文，然其名亦不待文而後傳也。〔註34〕

由於士人的出路與傳統不同，只好各憑自己的才藝創造出頭的機會，「以文名世」似乎成爲元代士子不得不然的作法，成爲這個時代中的普遍現象。

元朝末年，富戶往往爲了炫耀權勢與貲財，奢華僭越風氣盛行。《元典章》載：「江南三省所轄之地，民多豪富兼併之家。第宅居室、衣服器用，僭越過分，逞其私慾，靡所不至。」〔註35〕在松江一個平常富戶樓居裡，「吳鐸寫像，倪雲林布景，元時諸名勝題贊皆滿。」〔註36〕吳寬（1435～1504，長洲人）亦曾指出：

元之季，吳中多富室，爭以奢侈相高，然好文而喜客者，皆莫若顧

玉山。〔註37〕

顧玉山即顧瑛，別名德輝，字仲瑛，崑山人。當時他構築「玉山草堂」，「園池、亭榭、餼館、聲伎之盛，甲於天下。四方名士……常主其家，日夜置酒賦詩。」〔註38〕與他同時期的義興富戶王子明，「家饒於財，所藏三代彝鼎、六朝以來法書名畫，實冠浙右。」〔註39〕都是極力追求典雅生活的元末吳中巨富。

這種極端重視藝文活動的情形，實爲元末江南地區的特有現象之一。這種生活風尙，表現在許多方面，富室們營建園林亭樹，與藝文活動之間亦有密切關聯。園林勝景的構築，與士人「隱」的心態有密切關係，「元代隱逸之風普及，文人無論是山林之隱，或是市井之隱，總不忘將性情、興趣致力於自己所開拓的一片園地。」〔註40〕江南富室建築園林勝景，與文士們一起在

〔註34〕戴良，《九靈山房集》，《景印文淵閣四庫全書》集部286（臺北：臺灣商務印書館，民國七十五年七月，初版），頁3b，明·桂彥良，〈九靈山房集原序〉。

〔註35〕《大元聖政國朝典章》，卷五七，頁37，〈禁豪霸〉。

〔註36〕何良俊，《四友齋叢說》，（北京：中華書局，一九五八年十一月），卷十六，頁136。

〔註37〕吳寬，《匏翁家藏集》，《四部叢刊正編》第74冊（臺北：臺灣商務印書館，據上海涵芬樓藏明正德刊本景印，民國六十八年，臺一版），卷五一，頁4a，〈跋桃園雅集序〉。

〔註38〕清·顧嗣立編，《元詩選》初集（北京：中華書局，一九八七年），〈玉山主人顧瑛〉，頁2321。

〔註39〕陶宗儀，《輟耕錄》，卷十，〈鼎作牛鳴〉，頁154。

〔註40〕施繧姿，《元末明初太湖地區文人畫家群之研究》（臺北：中國文化大學藝術研究所美術組碩士論文，民國八十五年六月），頁195。

優美典雅的環境中從事藝文活動，使富戶本身亦深染文士之風。明初曹至得
回憶其祖曹雲西頗好文藝，在元末時追逐豪奢的情形：

> 松江曹至得嘗言其祖善書畫，而家饒於財。嘗築一屋，以錫塗之，
> 月夜攜客飲宴其間，號曰瑤臺。蓋元制不備，富家侈僭，大率類此，
> 不獨一雲西也。〔註41〕

可見元末江南富室好文喜客，已蔚為風尚。富室之家雅好藝文，不僅可以誇
示貲財；蒐集珍貴書畫、親近文士，更可以提昇自己的文化水準。如長洲的
沈達卿，在累積廣大的財富、過著優裕的生活之後，便「浸文以飾之，他無
所嗜，惟蓄經書子史、古書圖譜、法書名翰之蹟。」〔註42〕以提昇自己的文
化水準，並希望藉這種重視文藝的態度，讓子孫知道明理自治，使家業得以
持續。前述之顧瑛，也是一個集富人與文士兩種角色於一身的人物，他「購
古書名畫、三代以來彝器秘玩，集錄鑑賞。」〔註43〕充分展現了他的雄貲一
方，同時他又以文士自居，過著挾妓賦詩的名士生活。他在〈花遊曲序〉中
述說他與楊維楨、張伯雨在至正八年（1348）春天，挾妓出遊的情景：

> 至正戊子春三月十日，偕楊廉夫、張伯雨煙雨中遊石湖諸山。伯雨
> 為妓璚英點絳唇，已而午霽，登湖上山，歇寶積寺行禪師西軒，伯
> 雨題名軒之壁，璚英折碧桃花下山，廉夫為璚英賦花遊曲。〔註44〕

挾妓、遊湖、登山、題名、賦曲，皆是名士所為風雅之事，卻也需要有相當財
力，才能展顯此種優游的生活。元末無錫畫家倪瓚，是一個家藏鉅產的富室。
他也是以文士自居，「藏書數千卷，手自堪定」，過著「鼎彝名琴，陳列左右；
松篁蘭菊，敷紆繚繞」〔註45〕的文人雅士生活。優渥的經濟環境，促使士人之
間的酬會更加熱烈。而貧士也往往因富戶的資助，得以專心致力於詩文創作，
如王行（1331～1395），父為閶門南市人，「家徒壁立，几無留冊」〔註46〕，曾
經在江南富戶沈萬三家中當私塾老師，「每文成，酬以金鎰計」〔註47〕；楊維

〔註41〕許浩，《復齋日記》，收入江畬經編：《歷代小說筆記選·明》第一冊（臺北：
　　　　商務印書館，民國六十九年十二月，臺二版），頁85。
〔註42〕王行，《半軒集》，卷三，頁14b，〈清安堂記〉。
〔註43〕錢謙益，《列朝詩集小傳》，甲前集，〈顧錢塘德輝〉，頁66。
〔註44〕顧瑛，《玉山逸稿》，收入王雲五主編：《叢書集成初編》（長沙：商務印書館，
　　　　民國二十六年十二月，初版），卷三，〈花遊曲序〉，頁52。
〔註45〕錢謙益，前揭書，〈雲林先生倪瓚〉，頁68。
〔註46〕錢謙益，《列朝詩集小傳》，甲集，〈王教讀行〉，頁141。
〔註47〕《明史》，卷二八五，〈王行傳〉，頁7330。

槇的《鐵崖先生大全集》在至正二十五年（1365）鋟梓刊行，也是靠富室章琬的資助。〔註48〕可以想見名士在富室心中的地位；而富室對文士的支助，則使這些士人雖未在元朝為官，亦能優游自在地以文墨相尚。

二、江南士人從政的挫折

　　元世祖至元十四年（1277），元政府在江南設立江南儒籍，凡是故宋的「登科、發解、眞材、碩學、名卿、士大夫」皆可未經考試入籍，到至元二十七年才正式確立所有儒戶，據蕭啓慶的推算，江南儒戶的總數約在 100,647 戶左右，約佔江南總戶數的 0.85%。〔註49〕儒戶在經濟上可以得到賦役上的部份優免權，在經濟上的優惠勝於其他戶計，出現「富實以儒戶避役」〔註50〕的情況。儒戶的唯一義務是入學，以便在考選吏員時參加考試。這些江南儒戶只是江南士大夫中的一部份，元仁宗延祐二年（1315）恢復科舉之後，雖然所有的士人都可以參加考試，但是錄取名額甚少，平均每年僅錄取二十三人，〔註51〕其中漢人、南人各佔一半名額，遠少於宋、金科舉所錄取的名額。桂棲鵬對元代進士的研究顯示，南人進士登第之後能夠當上顯宦者，不及漢人一半；且南人進士顯宦者多擔任無實權的文學閑職，在實權要職的任用上，元政府也是大多任用漢人，〔註52〕可見南人在政治上明顯受到壓抑。

〔註48〕 「大姓章琬欲鋟諸梓，以傳無窮。」見貝瓊，《清江文集》，《景印文淵閣四庫全書》集部 302（臺北：臺灣商務印書館，民國七十五年七月，初版），卷七，頁 2a～b，〈鐵崖先生大全集序〉。

〔註49〕 蕭啓慶，《元代史新探》（臺北：新文豐出版公司，民國七十二年六月），〈元代的儒戶：儒戶地位演進史上的一章〉，頁 16。

〔註50〕 《元史》，卷九，〈世祖本紀六〉，頁 181。

〔註51〕 根據楊樹藩製「延祐二年以後進士中第人數表」，得十六屆殿試共計 1139 人，平均每年中進士者為 71.1 人。然蒙古人為一甲，色目人為一甲，漢人、南人自為一甲，故得整數為 23 人。見楊樹藩，〈元代科舉制度〉，《國立政治大學學報》，第十七期，民國五十七年五月，頁 112～113。

〔註52〕 桂棲鵬，〈元代進士仕宦研究〉，《元史論叢》，第六輯，一九九七年五月，頁 92。

漢人、南人進士顯宦者充任實權要職對照表：

職名	中書宰臣	中臺或行臺中丞、侍御史	六部尚書	行省宰臣	宣慰使	廉訪使	總管路
漢人數	13	4	15	26	14	1	16
南人數	1	0	1	4	2	0	8

按：上表乃五十六名漢人進士及二十四名南人進士所擔任實權顯宦次數統計對照表，從擔任實權顯宦之次數而言，漢人進士擔任八十九次，南人進士擔

北方人往往將南人之入仕者喚爲「臘雞」〔註53〕，南士甚受歧視。元世祖在位之時，南人在政治上的地位稍有保障，〔註54〕世祖之後，南方士人欲在仕途上登至高位者，機會極爲渺茫，《元史·王都中傳》載：

> 都中歷仕四十餘年，所至政譽輒暴著，而治郡之績，雖古循吏無以尚之。當世南人以政事之名聞天下，而位登省憲者，惟都中而已。
> 〔註55〕

王都中，字元俞，福建福寧州人，官至浙東道宣慰使都元帥。他能作上高官，一方面由於深具才幹，另一方面是承襲父蔭。其他的南方士人，只能靠補吏、任教官，才有可能在仕途上有所進展。葉子奇也曾指出，元代「天下治平之時，臺省要官皆北人爲之，漢人、南人萬中無一二。其得爲者，不過州縣卑秩，蓋亦僅有而絕無者也。」〔註56〕元朝政府一直奉行省臺院部不用南人的策略，直到至正十一年（1351）元末大亂起，爲了籠絡南方士大夫爲其效命，才改變這種輕視南士的政策：

> （至正）十二年三月，有旨：「省院臺不用南人，似有偏負。天下四海之內，莫非吾民，宜依世祖時用人之法，南人有才學者，皆令用之。」自是累科南方之進士，始有爲御史，爲憲司官，爲尚書者矣。
> 〔註57〕

至正初年江南富戶多有以納粟補得官職者，〔註58〕但在元末時局動盪之際，江南士人對於高官顯位卻已經不感興趣。《輟耕錄》載：

> 至正乙未（十五年）春，中書省臣進奏，遣兵部員外郎劉謙來江南，募民補路府州司縣官，自五品至九品，入粟有差，非舊例之職專茶鹽務場者比。雖功名逼人，無有願之者。〔註59〕

　　任十六次。

〔註53〕葉子奇，《草木子》，卷三，頁12a，〈克謹篇〉。

〔註54〕《輟耕錄》載：「至元間，別兒怯不花公爲江浙丞相，議以本省所轄土人不得爲掾吏，時左丞佛住公謂曰：『若然，則中書掾當用外國人爲之矣。』相有赧色，議遂不行。」見陶宗儀，《輟耕錄》，卷二，〈土人作掾〉，頁48。

〔註55〕《元史》，卷一八四，〈王都中傳〉，頁4232。

〔註56〕葉子奇，《草木子》，卷三，頁12a，〈克謹篇〉。

〔註57〕《元史》，卷九二，〈選舉志附錄〉，頁2345。

〔註58〕「至正乙酉（1345）間，江南富戶多納粟補官，倍于往歲。」見孔齊，《至正直記》，卷四，頁32a，〈江南富戶〉。

〔註59〕陶宗儀，《輟耕錄》，卷七，〈鬻爵〉，頁118。

總之，除了元世祖在位時，曾注意南士出仕機會的平等外，江南士人的出路一直受到壓抑。從元成宗元貞元年（1295）到元順帝至正十二年（1352）約五十年期間，南人的政治地位及出仕機會都是最低的，士人惟有從吏一途，且經年歷月身任其職，才能夠出人頭地。但是在從事胥吏期間，往往因爲位卑權輕而無法展其長才，故有志者多不願爲吏，〔註60〕事實上，掾吏多被輕視，甚至橫遭侮辱。且其上司多爲蒙古人、色目人，而元朝仕宦升遷多重視家世「根腳」，江南人「根腳」既小，有志之士往往不甘於久居吏職，而自放於山水之間，如蕭䚳，元世祖時人，《輟耕錄》述其事蹟道：

> 蕭貞敏公千斛，字維斗，京兆人，蚤歲吏于府。一日，呈牘尹前，尹偶墜筆，目公拾之，公陽爲不解，而止白所議公事，如此者三。公曰：「某所言者王事也，拾筆責在皁隸，非吏所任。」尹怒，公即辭退，隱居十五年，惟以讀書爲志，從公游者，履交戶外。平章咸寧王野仙聞其賢，薦之於世祖，徵不至。〔註61〕

由此可見爲吏處境之一斑，使士人裹足不前。

然而，元代仕宦之途，卻是「由刀筆吏得官者多」〔註62〕。江南士人確實從吏途出身之確切人數已不可考，從《吳中人物志》的儒林傳、文苑傳、薦舉傳中得元時吳中著名士人二十九人。（見附錄一）其中有十五人未曾入仕，且未曾擔任書院、學校學官職位；八人擔任書院、學校學官；六人擔任官職、吏職。未曾入仕者約佔《吳中人物志》中所見元代士人的半數，而擔任元朝官吏的十四人中，有八人是擔任學官，比由吏出身者多二人。由此似可窺見元朝江南士人的出處概況：大部份的士人處於不仕的狀態，若欲謀得一官半職，則擔任學官者幾與從吏途出身者相當。在元代，學官是一個位卑職低又升遷不易的職位，但是在社會上頗受尊崇，經濟生活不僅得到保障，也可以獲得一定的政治地位，〔註63〕不似爲吏者時有屈居人下之嘆。

〔註60〕「當元盛時，取士之途甚狹：士大夫不由科舉，惟從吏而已，積月累時，求一身榮耳。雖間有長才善策，迫於其類，亦無所從施，故有志者不肯爲也，寧往往投山水間自樂。」見許恕，《北郭集》，《景印文淵閣四庫全書》集部292（臺北：臺灣商務印書館，民國七十五年七月，初版），頁5a～b，林右，〈北郭集原序〉。

〔註61〕陶宗儀，《輟耕錄》，卷二，〈蕭先生〉，頁48。

〔註62〕「丞相和禮霍孫與留夢炎等復言：『天下習儒者少，而由刀筆吏得官者多』」見陳邦瞻編，《元史紀事本末》，卷八，〈科舉學校之制〉，頁42。

〔註63〕參見于金生，〈元代的地方學官及其社會地位〉，頁85。

　　若擔任學校、書院之學官，也大部份是經由薦舉，元代薦舉名目繁多，「有遺逸，有茂異，有求言，有進書。」〔註64〕而人才亦多由此途進。〔註65〕

　　附錄一所列二十九人中，僅有蔣堂一人曾中鄉試第三名，然其志不在宦途，後因薦出任嘉定儒學教授。另在〈宦績傳〉中記載延祐初年進士于文傳，後官至禮部尚書。〔註66〕吳地富庶，名賢輩出，然而《吳中人物志》中僅考得于文傳一人而已。陳高曾有詩描寫元時登第之難：

　　　客從北方來，少年美容顏；繡衣白玉帶，駿馬黃金鞍。

　　　捧鞭揖豪右，義氣輕邱山；自云金章胄，祖父皆朱轓。

　　　不用識文字，二十為高官；市人共咨嗟，夾道紛駢觀。

　　　如何窮巷士，埋首書卷間；年年去射策，臨老猶儒冠。〔註67〕

詩中反映出元朝重視「根腳」的情形，祖宗有顯赫官職，子孫不必讀書也能年紀輕輕地當上大官；「根腳」小的貧窮儒士，只能指望在科舉考試中上榜，卻往往不如人願，因為錄取人數實在太少了。

　　《吳中人物志》作者張昶曾從燕王起兵，故其時距元世不遠，張昶對吳地士人行跡的記載，反映出吳中登進士第者絕少、仕進者多從薦舉的情況。據《新昌縣志》中的〈歷代選舉考〉得知：宋代新昌縣有鄉科舉人38人、進士114人，元代新昌縣僅有鄉科舉人2人、進士1人，唯一進士馬剌丹是回回人，其父為新昌縣主簿，於至順元年（1330）以新昌縣籍登進士。〔註68〕《江陰縣志》載，江陰縣宋代共有舉人253，元代只有7人。〔註69〕反映出

〔註64〕陳邦瞻編，《元史紀事本末》，卷八，〈科舉學校之制〉，頁47。

〔註65〕由薦舉登學官者，如：「盧志道，字彥高，無錫人，以茂異起為校官」。見清‧程量，《湖州府誌前編》（清順治六年刊本，國家圖書館藏景照本），卷十，頁12，〈名宦列傳〉。

〔註66〕「于文傳，平江人。祖宗顯仕宋，累官承信郎。文傳少嗜學，十歲能屬文。延祐初進士，同知昌國州，後知吳江州。廉平有聲，治行為諸州冠。召為集賢待制，以禮部尚書致仕。」見張昶，《吳中人物志》，卷五，頁14b～15a，〈于文傳傳〉。《湖州府誌前編》記載：「于文傳，字壽道，吳門人。延祐乙卯（1315）進士，天曆間遷烏程令。」見清‧程量，《湖州府誌前編》，卷十，頁11，〈名宦列傳〉。

〔註67〕陳高，《不繫舟漁集》，卷三，頁15b，〈感興〉。

〔註68〕田琯，《新昌縣志》，卷十，頁3b～8a，〈歷代選舉考〉。

〔註69〕趙錦（1516～1591），《江陰縣志》，收入《天一閣藏明代方志選刊》第5冊（臺北：新文豐出版公司，民國七十四年），卷十四，頁1a～10b，〈選舉表第十一上〉。

元代登第者比前代大為減少的情況。科舉中第的不易，常使士人打消從科第入仕之意，有的士人一試不得志即翩然而去，有的士人在歷經長達數十年的鄉試不第之後，才打消入仕的念頭。如餘姚黃　，四十年間屢試江浙鄉闈不第，才黯然神傷地歎說：「明經豈專為決科哉？況得失命也。」〔註70〕此後絕意仕進，專務研習《春秋》、《尚書》，並以之傳授弟子，〔註71〕成為當代碩儒。如戴良「少事舉子業，尋棄去」〔註72〕、陶宗儀「少舉進士，一不中，即棄去。」〔註73〕皆是因為中舉的困難，使士人踏上隱逸之途。

　　除了南人登第不易之外，其他因素也造成了江南士人不願出仕，最顯著的就是忠於宋朝的遺民心理，《兩浙名賢錄》中的潘音可為代表：

　　　　潘音，字聲甫。……甫十歲而宋亡，見長老談厓山事，即潸然涕下。
　　　　及長，讀夷齊傳，遂擊節憤歎，以事元為恥。日惟杜門讀書談道，
　　　　以聖賢之學自期。……隱居二十餘年，謝棄世紛，累徵不就，日事
　　　　著述。〔註74〕

　　湖州的章鑄，也是堅不仕元的遺民典型：

　　　　章鑄，吳興人，仕為修職即讜直敢言，宋亡，歸隱于家。元世祖令
　　　　故宋官納誥，敕仍量授職，鑄不就，自以世食宋祿，坐未嘗北向。
　　　　宋人之仕于元者，鑄皆絕之，不與往來，世高其節。〔註75〕

不仕於元是基於傳統的忠君觀念，堅持這種觀念的江南士大夫在宋元之際甚多，〔註76〕以上兩名士人，生於改朝換代之際，保有對宋朝的忠節觀念，其不仕的行為甚孚士大夫之心。時局不安，不仕者比仕宦者能贏得更多的景仰，這就是孔子所說的：「天下有道則見，無道則隱」的出處原則，此種根植於儒家傳統的隱逸原因，很有可能形成一種地方風尚，成為士人群體共同景仰的

〔註70〕謝肅，《密庵集》，《景印文淵閣四庫全書》集部302（臺北：臺灣商務印書館，民國七十五年七月，初版），卷八，頁17a，〈黃公墓誌銘〉。

〔註71〕徐象梅，《兩浙名賢錄》，收入《北京圖書館古籍珍本叢刊》十七（北京：書目文獻出版社，一九八七年），卷二，〈黃玨傳〉，頁19a。

〔註72〕柯劭忞，《新元史》（臺北：藝文，據清乾隆武英殿刊本影印，民國七十一年），卷二三八，頁7b，〈戴良傳〉。

〔註73〕《新元史》，卷二三八，頁9b，〈陶宗儀傳〉。

〔註74〕田琯，《新昌縣志》，卷十一，頁59b～60a，〈潘音傳〉。

〔註75〕明‧粟祁、唐樞等撰，《湖州府誌》（明萬曆刻本，國家圖書館藏景照本），卷八，頁4，〈潘音傳〉。

〔註76〕參見孫克寬，〈元初南宋遺民初述～不和蒙古人合作的南方儒士〉，《東海學報》，第十五期，民國六十三年，頁17。

標準。《湖州府誌・風俗篇》記載安吉縣的土俗稱：「君子不樂仕進，小人不習工藝，一以質樸儉約爲主，頗有古風。」〔註77〕可見，鄉里的不仕之風，已經成爲某些地區風俗的一部份。

踏入仕途的士人則多由學官登進，但是，擔任學官也是不易獲得的機會，對南人的限制也較爲嚴格，「漢人、南人，年五十以上并兩舉不第者，與教授；以下，與學正、山長。」〔註78〕而蒙古、色目人只要年三十以上，兩舉不第者，就可以當教授。擔任學官不易外，在學官系統內的昇遷更是困難：

> 吏部格：年逾五十，始得入州教授。州不滿三十，而接踵嘗數百人，
> 十五年得授。且守缺近三、四年，遠至七、八年，故多不能食祿。
> 而升於路者，非耄年則下世矣。〔註79〕

身爲學官，在當時士人眼中，是項卑微的職位，然而相較於吏職出身，卻易於被士人接受。許多有志於淑世的士人，以任職學官來達成他們的理想。然而「教授名九品職，而不得與民事，故謂之冷官」〔註80〕，劉基曾經爲文爲一位謝教授送行：「謝君仲連，教授於杭，期未三年，計餘月無所用，即飛書趣代。」〔註81〕可以看出身爲「冷官」的無奈。〔註82〕雖然如此，侷限於仕途狹窄，許多士人還是任職於學官，畢竟「其出身爲甚正，非他歧比也」〔註83〕。

三、元代的地方文教

元代書院之建，「遍滿於天下」〔註84〕，元世祖在位期間，曾令江南諸路學及各縣內，設立小學、書院：

> （至元）二十三年二月，帝御德興府行宮，詔江南學校舊有學田，
> 復給之以養士。二十八年，令江南諸路學及各縣學內，設立小學，

〔註77〕（明）粟祁、唐樞等撰，《湖州府誌》，卷五，〈風俗〉，頁27。
〔註78〕《元史》，卷八一，〈選舉志一〉，頁2027。
〔註79〕袁桷，《清容居士集》（臺北：新文豐出版公司，民國七十三年），卷二九，頁10a，〈江陵儒學教授岑君墓志銘〉。
〔註80〕劉基，《誠意伯文集》，卷五，〈送謝教授序〉，頁128。
〔註81〕同前註。
〔註82〕「先君初欲仕時，頗厭冷官。既授上元縣教諭，不就。」見孔齊，《至正直記》，卷四，頁15a，〈先君教諭〉。
〔註83〕劉基，前揭書，卷五，〈送張山長序〉，頁116。
〔註84〕戴良，《九靈山房集》，卷十一，頁3b，〈重修甫里書院記〉。

選老成之士教之，或自願招師，或自受家學于父兄者，亦從其便。

其他先儒過化之地，名賢經行之所，與好事之家出錢粟贍學者，並

立為書院。〔註85〕

元世祖對江南政策的寬大，間接促成地方教育的普及。蘇天爵於順帝至元五年（1339）曾說：「今國家承平既久，德澤涵濡，雖荒服郡縣亦皆有學。」〔註86〕言雖有所溢美，但是可以顯示元代重視地方學校的設立，到至元二十五年，全國的學校已有二萬四千四百餘所。〔註87〕

　　書院是學者講學之地，元軍征服南宋之際，不少書院受到破壞，但是大部份繼續保存下來，元朝統治期間，書院數目繼續增加，有官立、私立之分，大多數的私人書院都接受官方的管理。如元至正年間江陰州設有澄江書院，是私人設立，再經政府設立山長，納入全國官學系統之中：

澄江書院，在布政坊西南。元至正中，州人蔡以忠者，西山先生之

裔，以別業一區、田六頃，立義塾。有司上其事，賜茲額焉。制設

山長一員、直學一名。〔註88〕

官立書院設山長一員，皆從官綬，有祿，以下第舉人充之。且生徒肄業於書院者，經守令舉荐，臺憲考察後，或用為教官，或取為吏屬，書院實際上成為另一條入仕途徑。〔註89〕

　　學校的設置，除了對地方風俗有所助益外，對士人而言更是一處衣食無缺的託身之所。揚州路的維揚郡學，設有學田四十餘萬畝，講學之士生活有所保障，不必擔心學徒散去，每個月也有一定的薪資，〈揚州路學田記〉載：「維揚郡學有田四十餘萬畝，收租入若干萬石，則國家興學養士之意不亦盛乎？」〔註90〕且元代學田的建置，不僅用於提供在學師生的廩饌雜費之上，最重要的是學田的收入亦用於刻書出版之途。明朝陸深對元代學田的貢獻即大加讚賞：

〔註85〕《元史》，卷八一，〈選舉志一〉，頁2032。

〔註86〕蘇天爵，《滋溪文稿》，《景印文淵閣四庫全書》集部276（臺北：臺灣商務印書館，民國七十五年七月，初版），卷二，頁13b，〈梧溪書院記〉。

〔註87〕《元史》，卷十五，〈世祖本紀十二〉，頁318。

〔註88〕趙錦，《江陰縣志》，卷七，頁6a，〈書院〉。

〔註89〕「自京學及州縣學以及書院，凡生徒之肄業於是者，守令舉薦之，臺憲考覈之，或用為教官，或取為吏屬，往往人材輩出矣。」見《元史》，卷八一，〈選舉志一〉，頁2033。

〔註90〕清·程量，《湖州府誌前編》，卷十，〈名宦列傳〉，頁15，〈揚州路學田記〉。

> 勝國時，郡縣俱有學田，其所入謂之學糧，以供師生廩餼，餘則刻
> 書以足一方之用，工大則糾數處爲之，以互易成秩，故讎校刻畫頗
> 有精者，初非圖鬻也。國朝下江南，郡縣悉收上國學，今南監十七
> 史諸書，地里歲月勘校工役並存可識也。今學既無田，不復刻書，
> 而有司間或刻之，然以充餽䞍之用，其不工反出坊本下，工者不數
> 見也。〔註91〕

元代的學田建置，以剩餘的經費用於刻書，實現了士人「有屋可藏，有書可讀」的普遍願望，對文化事業上的助益，是明初廢除學田之後所望塵莫及的。

自南宋定都臨安以來，江南漸成士人聚集之處，文教發達。雖然元代科舉南人登第者並不多，南士的政治出路備受壓抑，但元朝統治江南，仍然持續南宋以來的文化發展趨勢，且政令更爲寬鬆，學校、書院的設置並不遜於宋代，這些因素使元末的江南成爲士子雲集的文化重鎮。另外，江南山水秀麗，物博民庶，也是吸引士人前來定居的因素之一，因此，寓居江南的士人也融入了此地的文化圈中。如《湖州府誌》載：

> 敖繼翁，字君善，福州人，寓居烏程。築一小樓，冬不爐，夏不扇，
> 惟事經史，吳下名士從之遊者甚眾。〔註92〕

是故，所謂的「吳下名士」，包含了許多寓居於此的外地士人。陝西溽陽人張羽爲卜居吳興，特地寫了一首詩給徐賁，詩中說：

> 吳興好山水，子我盍遷居？繞郭群峯列，迴波一鏡如。
> 蠶餘即宜稼，樵罷亦堪漁，結屋雲林下，殘年共讀書。〔註93〕

徐賁原是蜀地士人，後來也遷居吳興。〔註94〕從張羽這首言志詩中，可知元朝的確提供江南士人良好的讀書環境，且江南風土適合耕織漁樵，具備足以安身的經濟環境。且江南的秀麗景物，更是激發士人詩文創作靈感之來源；眾多士人聚集於此，綿延並擴展了江南的文化傳統。

〔註91〕陸深，《金臺紀聞摘抄》，收入清・沈節甫編：《明刊本紀錄彙編》第十五冊，卷一三二，頁8b～9a。

〔註92〕清・程量，《湖州府誌前編》，卷十，頁41，〈敖繼翁傳〉。

〔註93〕清・程量，《湖州府誌前編》，卷十，頁42，〈張羽傳〉。

〔註94〕「徐賁，字幼文。本蜀之郊人，後居毘陵。」見清・程量，《湖州府誌前編》，卷十，頁43，〈張羽傳〉。蜀人移居東南的歷史意義：「使在兩宋時興盛的蜀學得以擴展到東南。在與當地文化交流融合的基礎上，流寓蜀士中的菁英往往在元代文化教育事業上創造突出的成就。」見陳世松、史樂民，〈宋末元初蜀士流寓東南問題探討〉，《元史論叢》，第五輯，一九九三年，頁111。

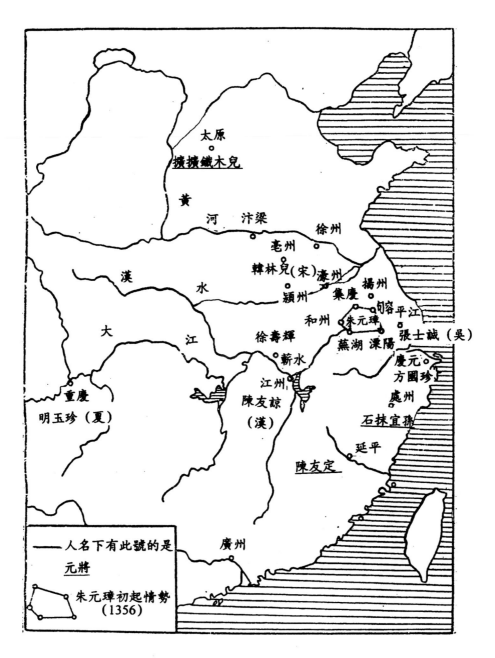

元末群雄割據圖

第二節　江南士人與張士誠勢力的互動

　　張士誠統領江南時期，仍然對士人甚爲禮遇，甚至援用了許多在野士人
爲其效力。這種廣開仕進之門的作風，乍看之下似乎打破了元代士人登進之
途狹隘的局面。但是，張士誠集團良窳之士兼收與故步自封、耽於安樂的政
治局面，反而使有志之士不敢貿然仕進。

　　元末局勢動盪，從許多方面可以看出端倪，首先是官吏貪污盛行，吏治
敗壞，「小斛較斛大斛量，吏弊百出那可當，輸錢索物要酒漿，磨牙吮血如虎
狼」〔註95〕的情況時有聽聞；富豪專事兼併，貧富差距擴大；武備鬆弛，士
氣低落。元末已有許多人看出這種亂象，如黃許，至正中，他以在野處士的
身份提出對時局的針砭：

> 許以處士獻捄時十策，曰：「嚴選舉，革貪污，除吏弊，抑兼併，省
> 冗官，汰僧道，覈田賦，興武舉，作士氣，結人心。」磊落數千言，
> 時不能用。後中書省參政普顏帖木爾、內臺治書侍御史李國鳳奉詔
> 經略江南，得許十策，嘆曰：「世未嘗無才，顧上無用才之人耳」。
> 〔註96〕

士人雖身處鄉里，卻心在廟堂，仍透過自己對時事的觀察，提出對國家有利
的建議。但是元末的局面已非這些赤心爲社稷的士人所能改變，社會中既存
的亂象終不可扼抑。

　　元朝用人不當，吏治敗壞，到順帝至正年間，局勢已經動盪不安。陶
宗儀《輟耕錄》抄錄元末流行民間的一首歌謠，可看出當時社會動盪的概
況：

> 「堂堂大元，姦佞專權，開河變鈔禍根源，惹紅巾萬千。官法濫，
> 刑法重，黎民怨，人喫人，鈔買鈔。何曾見：賊做官、官做賊，混
> 愚賢，哀哉可憐。」右〈醉太平小令〉一闋，不知誰所造，自京師
> 以至江南，人人能道之。古人多取里巷之歌謠者，以其有關於世教
> 也；今此數語，切中時病，故錄之，以俟採民風者焉。〔註97〕

開河、變鈔法是引起元末大亂的直接導火線。至正十一年，工部尚書賈魯「役

〔註95〕顧瑛，《玉山璞稿》，收入王雲五主編：《叢書集成初編》第359冊（上海：商
　　　　務印書館，民國二十五年六月，初版），〈官糴糧〉，頁2。
〔註96〕《新元史》，卷二三八，頁2b～3a，〈黃許傳〉。
〔註97〕陶宗儀，《輟耕錄》，卷二三，〈醉太平小令〉，頁338。

民夫一十五萬，軍二萬，決河故道，民不聊生。」〔註98〕此外，元末吏治的敗壞，在於沒有一定的法令可遵循，使官吏可以藉機舞弊徇私。〔註99〕且官吏怠於政事，「充位而員具，彼食焉而怠其事者皆是也。」〔註100〕吏治逐漸敗壞，已經成為全國普遍的現象：

> 至正乙酉冬，朝廷遣官奉使宣撫諸道，問民間疾苦。然而政績昭著者，十不二三。〔註101〕

至正五年（1345）朝廷遣官訪問民間疾苦，結果有七、八成的官吏施政成績達不上標準，甚至所遣官員趁機收取地方官吏的賄賂，人民嘆曰：「奉使來時，驚天動地；奉使去時，烏天黑地。」〔註102〕反而徒增人民的痛苦。

　　江南地區雖然號稱是富庶的魚米之鄉，但是貧富不均的情形嚴重，貧戶多靠佃耕富戶的田地過日子，卻要飽受富家的剝削。元季法令過於寬弛，任用官吏不得其人，使處於下層的平民生活更加困苦：

> 世間治亂有數存焉，且如胡元只任胡族為正官，中華人官佐貳，到末年數當亂，任非其人，酷刑橫斂。台、溫、處之民樹旗村落曰：「天高皇帝遠，民少相公多，一日三遍打，不反待如何？」由是謀叛者各起。〔註103〕

漢族只能擔任副佐的官位，正官多是蒙古、色目人擔任，元朝所委派的地方官員大多與地方勢力相勾結，無法壓抑富家，反而助長其驕縱的氣焰；「怙財挾勢，虐害良善；邑官貪墨，莫敢誰何，眾不可堪。」〔註104〕亂事一起，遂至不可收拾的境地。「貧富不均，多樂從亂，曾不旬日間，從者殆數萬。」〔註105〕可見當元朝承平之世時，富家倚仗官勢，欺凌平民的社會問題愈加嚴重，是元末起義「所在蠭起」〔註106〕的原因之一。

〔註98〕陶宗儀，前揭書，卷二九，〈紀隆平〉，頁439。
〔註99〕「天下所奉以行者，有例可援，無法可守，官吏因得以并緣為欺。」見《元史紀事本末》，卷十一，頁63。
〔註100〕楊翮，《佩玉齋類稿》，《景印文淵閣四庫全書》集部159（臺北：臺灣商務印書館，民國七十五年七月，初版），卷六，頁6a，〈送袁仲實序〉。
〔註101〕陶宗儀，前揭書，卷十九，〈攔駕上書〉，頁274。
〔註102〕陶宗儀，前揭書，頁275。
〔註103〕黃溥，《閒中今古錄摘抄》，收入清・沈節甫編：《明刊本紀錄彙編》第十五冊，卷一二九，頁9b。
〔註104〕陶宗儀，《輟耕錄》，卷二四，〈王一山〉，頁352。
〔註105〕葉子奇，《草木子》，卷三，頁13b，〈克謹篇〉。
〔註106〕「至正十有二年，狂賊梗化，紅帕首者，動數十萬，所在蠭起。」見顧瑛，

至正十二年，紅巾軍就曾經攻入杭州。《輟耕錄》記載此事甚詳：

> 至正十二年歲壬辰秋，蘄黃徐壽輝賊黨攻破昱關，徑抵餘杭縣。七月初十日，入杭州城。僞帥項蔡、楊蘇，一屯明慶寺，一屯北關門妙行寺。稱彌勒佛出世以惑眾。浙省參政樊執敬死于天水橋，實哥與妻同溺于西湖。其賊不殺不淫，招民投附者，署姓名於簿籍，府庫金帛，悉輦以去。至二十六日，浙西廉訪使自紹興率鹽場　丁過江，同羅木營官軍剋復城池，賊遂潰散。〔註107〕

之後，雖然元軍再度收復杭州，卻對棄職逃走、置人民不顧的官吏不加刑責，仍舊回復原來官職；卻對被紅軍脅迫的人民施以棄市、沒產等處罰，顯示出「朝廷法度既隳，刑賞失宜」〔註108〕的情形，不僅如此，經過盜賊肆虐之後的城鎮，失去了往日繁華的景象，「岸上村村似寒食，店舍無煙人菜色，賊圍解去米如珠，況復雨多傷二麥。」〔註109〕民生經濟遭到嚴重的破壞。面對政府無法主持公義、人民失去依托的情況，陶宗儀感嘆說：「欲天下宴安，不可復得矣」〔註110〕；葉子奇《草木子》亦記載元末刑賞失宜，導致人民對官府失去信心的情形道：

> 及方寇起，濱海豪傑如蒲圻趙家、戴綱司家、陳子游等，傾家募士，爲官收捕，至兄弟子姪皆殲於盜手，卒不沾一命之及，屯膏吝賞至於此。其大盜一招再招，官已至極品矣。於是上下解體，人不向功，甘心爲盜矣。〔註111〕

由於政府對盡力討賊的人民不予獎勵，反而賜官爵給作亂者，刑賞失措，使亂事益發不可收拾。元朝社會中原本存有的許多問題，此時更加尖銳地顯露出來。至正十三年（1353）張士誠於泰州起兵，其起兵的原因與富家的欺凌及政府官吏的迫害有關：

> 張士誠，小字九四，泰州白駒場亭人。有弟三人，並以操舟運鹽爲業，緣私作姦利。頗輕財好施，得群輩心。常齎鹽諸富家，富家多

《玉山璞稿》，收入王雲五主編：《叢書集成初編》（上海：商務印書館，民國二十五年六月，初版），頁6，〈鑑葛十章并小序送董參政〉。
〔註107〕陶宗儀，前揭書，卷二八，〈刑賞失宜〉，頁437。
〔註108〕陶宗儀，前揭書，卷二八，〈刑賞失宜〉，頁438。
〔註109〕顧瑛，《玉山璞稿》，頁14，〈灘頭歌〉。
〔註110〕陶宗儀，前揭書，卷二八，〈刑賞失宜〉，頁438。
〔註111〕葉子奇，《草木子》，卷三，頁12a，〈克謹篇〉。

陵侮之，或負其直不酬。而弓手丘義尤窘辱士誠甚。士誠忿，即帥
諸弟及壯士李伯昇等十八人殺義，并滅諸富家，縱火焚其居。〔註112〕
至正十六年，張士誠的勢力範圍已經擴展到平江路〔註113〕、湖州路〔註114〕、
松江路、常州路等地區。〔註115〕同年，朱元璋亦攻下集慶，勢力範圍與張士
誠比鄰，故派遣使者與之通好，但是張士誠拘留使者，不予回應。〔註116〕從
朱元璋派遣使者通好之事看來，此時張士誠之勢力遠盛於朱元璋，因張士誠
佔領區域爲江南富庶之區，且於至正十五年擊潰元兵，其勢正盛，「東據三吳，
有地千里，甲士數十萬，南面稱孤。」〔註117〕因此，對朱元璋「睦鄰守境」
之建言自不予採納。

　　張士誠因富家欺凌，才憤而起兵，其弟士義又爲富家大姓所殺。〔註118〕
是故，渡江初期對江南富家亦不懷好感，常加以打擊，「凡有寺觀菴院、豪門
巨室，將士爭奪，分占而居，了無虛者。」〔註119〕乃因江南富室多與元朝關
係良好，對突如其來的叛亂行爲尤不能接受，成爲張士誠接收江南初期亟欲
撫平的對象。其對士人的態度卻有所不同，張士誠雖然是以鹽販起家，但是
他在元末群雄之中，以好士出名，使東南士人群相趨附。《明史》稱士誠「好
招延賓客，所贈遺輿馬、居室、什器甚具，諸喬寓貧無籍者爭趨之。」〔註120〕
張士誠的弟弟張士德更是能禮賢下士、延攬士心，且「善戰有謀」〔註121〕，

〔註112〕《明史》，卷一二三，〈張士誠傳〉，頁3692。
〔註113〕「士誠賊眾纔三四千人，長驅而前，直造北門，弓不發矢，劍不接刃。明旦，
　　　　緣城而上，遂據有平江路。（至正十六年）二月壬子朔也。」見陶宗儀，《輟
　　　　耕錄》，卷二九，〈紀隆平〉，頁440～441。
〔註114〕「十六年，張士誠據湖州四縣，烏程、歸安、武康、德清，易號吳興郡，以
　　　　其黨潘原明鎮之。」見明‧栗祁、唐樞等撰，《湖州府誌》，卷一，〈郡建〉，
　　　　頁10。
〔註115〕「十六年二月，陷平江、并陷湖州、松江及常州諸路。」見《明史》，卷一二
　　　　三，〈張士誠傳〉，頁3693。
〔註116〕「貽書張士誠，士誠不報。」見《明史》，卷一，〈太祖本紀一〉，頁6。
〔註117〕吳寬，《平吳錄》，收入清‧沈節甫編：《明刊本紀錄彙編》第三冊，卷二九，
　　　　頁30a。
〔註118〕「行至少溪，爲大姓劉子仁所扼，多被殺傷，士義中矢死。」出處同前註，
　　　　頁1b。
〔註119〕陶宗儀，《輟耕錄》，卷二九，〈紀隆平〉，頁441。
〔註120〕《明史》，卷一二三，〈張士誠傳〉，頁3694。
〔註121〕「士德，小字九六，善戰有謀，能得士心，浙西地皆其所略定。」出處同前
　　　　註，頁3693。

幫助張士誠攻下浙西之地，更換治績操守不良的官吏，澄清吏治，改善民生，使平民感戴其恩德。〔註122〕士人感念士德知遇之恩，嘗說：「肝膽豈能酬楚國」〔註123〕，楚國公是元朝追封張士德的封號，且「如王逢、楊維楨、陳基者頌慕之詞，久而不替。」〔註124〕由此可知，士德確能得人善用，廣受江南士人的信賴，雖然他從渡江到被俘，留在江南僅有一年又五個月之久，但是他「以好賢下士，朌造伯業」〔註125〕的作法，爲張吳政權奠定穩固的基礎。

當張士誠攻下平江（明蘇州府）之後，崑山、嘉定、崇明州的許多人民相繼前來降附，此時張士德以維揚郡士人蘇昌齡爲參謀，稱爲「蘇學士」。〔註126〕張士誠、士德兄弟延攬士人，不僅是爲了取得好士的美名，〔註127〕由於士人對張士誠集團的傾心，對政權的維持提供許多策略上的幫助。如前文提到的王逢就是一個例子，他建議士誠降元以對抗朱元璋，雖然他並沒有在張士誠的幕下任職，但他對張之所以懷有好感，張士誠延攬士人是一項很重要的因素。

張士誠佔有平江路後，改稱隆平郡，「當時吳中全盛，甲杖錢穀如山」〔註128〕，經濟富庶，是東南人文薈萃之地。今考察《明史·文苑傳》中歷經元明兩朝之士人，共得七十六人。（見附錄二）

附錄二中，定居或流寓蘇州府地區的士人即有十三名，佔〈文苑傳〉有籍可考者之 17%，若將曾居住於張士誠統治區域內之士人計算在內，共計有四十五人，佔〈文苑傳〉明初士人之 59%，可見當時江南地區確爲人才群聚之地。

許多士人是在元末大亂時避居吳中的，如戴良（1317～1383）居住在浦江，至正十八（1358）年朱元璋攻下金華時，他被任命爲學正，並與胡翰等

〔註122〕「楚國公渡江來，念吳民多艱，牧宇者多非其才，悉選而更張之。」見錢謙益，《國初群雄事略》，收入《叢書集成續編》第258冊（臺北：新文豐出版公司，民國七十八年，臺一版），卷七，頁15a。

〔註123〕錢謙益，《列朝詩集小傳》，甲前集，〈張府判經〉，頁82。

〔註124〕錢謙益，《國初群雄事略》，卷七，頁26a。

〔註125〕錢謙益，《國初群雄事略》，卷七，頁25b～26a。

〔註126〕陶宗儀，《輟耕錄》，卷二九，〈紀隆平〉，頁441。

〔註127〕親近士人，可以博得聲名，如：「嘉興林叔大（鏞）據江浙行省時，貪墨鄙吝，然頗交接名流，以沽美譽」見陶宗儀，前揭書，卷二十四，〈待士鄙吝〉，頁346。

〔註128〕吳寬，《平吳錄》，頁5。

人輪番爲朱元璋講解經史及治道，〔註129〕不久卻棄官而去。至正二十一年，元順帝採納薦言，任用他爲江北儒學提舉。後來見天下已亂，時勢已不可爲，避兵亂至吳中，投靠張士誠。明初蘇伯衡爲他寫的墓誌銘中，顯然對他投靠張士誠的事蹟加以隱諱：

> 至正辛丑，以薦者擢授中順大夫，淮南江北等處行中書省儒學提舉，
> 然時事已不靖，無可行其志，乃攜中子溫浮海至中州，欲與豪傑交，
> 而卒無所遇，遂南還四明。〔註130〕

墓誌銘中，不僅把戴良曾經投靠張士誠之事略而未提，對戴良曾經當過朱元璋學正的經歷也避而不談，這樣的寫法，可以避免觸及戴良棄官的事實，正可以顯示在元末群雄並起之際，士人的抉擇是以元朝、張士誠爲優先考量的。其後，由於明初瀰漫全國的政治忌諱，以及墓誌銘「褒善隱惡」的寫法，使許多曾經仰慕，或幫助過張士誠的士人，其事蹟被刻意隱瞞。

張士誠於至正十六年起統治了富庶、多士的東南州郡，當時追隨他的文士，因他的失敗而在史籍上漸漸淹沒。檢索《明史・文苑傳》得元明之際張士誠統治地區下的士人，曾在張張氏政權任官者有徐賁、張羽、楊基、孫作、張憲、唐肅、余堯臣等七人。〔註131〕他們在明初的處境都不好，幾乎都受到流徙的處罰。在這種刻意貶抑敵方勢力的局勢下，其他曾經佐助張士誠的士

〔註129〕「召儒生許元、葉瓚玉、胡翰、汪仲山等，皆會時中書省，日令二人進講經史，又命宗顯開邑學，招延儒士，葉儀爲經師、戴良爲學正，吳沈、徐原爲訓導」見高岱，《鴻猷錄》，卷二，〈延攬群英〉，頁690～691。

〔註130〕戴良，《九靈山房集》，卷三十，頁10b，明・趙友同，〈故九靈先生戴公墓誌銘〉。

〔註131〕《明史・文苑傳》中曾爲張士誠僚屬的明初士人共有下列七人：

姓名	明初處境
徐賁	吳平，謫徙臨濠。洪武七年被薦至京。九年春，奉使晉、冀，有所廉訪。
張羽	洪武四年徵至京師，應對不稱旨，放還。再徵授太常司丞。
楊基	明師下平江，基以饒氏客安置臨濠，旋徙河南。洪武二年放歸，尋起爲榮陽知縣，謫居鍾離。
孫作	洪武六年聘修大明日曆，授翰林編修，乞改太平府教授。召爲國子助教，尋分教中都，踰年還國學，擢授司業，歸卒於家。
張憲	吳平，變姓名，寄食杭州報國寺以歿。
唐肅	士誠敗，例赴京，尋以父喪還。洪武三年用薦召修禮樂書，擢應奉翰林文字。
余堯臣	城破，例徙濠梁。洪武二年放還，授新鄭丞。

資料來源：《明史》，卷二八五，〈文苑一〉。

人，未見於史籍記載者想必甚多。高啓的兄長高咨即曾爲張士誠僚屬，在〈送家兄西遷〉詩中，描寫他被分戍到淮右前，兄弟分離的情景。〔註132〕可以看出隨著至正二十六年（1366）張士誠的失敗，許多跟隨他的士人面臨悲慘的命運：

> 昔別歸有期，此別去何極；西遷屬事變，咎責非己得。家貧無行資，
> 空橐辭故國；囟囟逐途旅，宛宛謝親識。遷攀不能留，痛哭野水側；
> 離鴻爲迴翔，浮雲暮愁色。別時離云苦，未若別後憶；願行勿憂家，
> 養親自我職。殊方氣候異，炎霧秋未息；委命勿怨尤，長年強餐食。
> 〔註133〕

詩中所言「家貧無行資」，可能只是行文中自謙之句，就高啓的家世考之，「考順翁以上俱裕饒，有田百餘畝，在沙湖東迤南，切吳淞江。」〔註134〕不過，詩中所流露出的兄弟離別依依之情，顯示了大環境對士人的影響，士人只能在詩文中流露內心深處的感情，對於環境的改變卻無能爲力，只能歸咎是命運的安排。

張士誠的文武官僚及蘇州、杭州、嘉興、松江等地的官吏家屬和外郡流寓之民共二十餘萬人，都在蘇州城陷後被解送至南京。〔註135〕今日僅能從少數士人的詩文集、方志殘存的記載中窺探張士誠據吳時的情形。

於至正十四年張士誠自稱誠王之時，即相當注重興建學校，他認爲地方文教關乎世道人心甚鉅，不能等閒視之，下令所治理之州縣興辦學校：

> 風化之本係人倫，賢才之興關學校。今者豪傑並起，相與背叛，良
> 由父子、夫婦、兄弟之道失序。故君臣之義不明，廉恥道喪、王綱
> 解紐，實在于斯。凡屬州縣，聿稽前典，務選明博好禮之士，朝夕
> 諷誦，以修明倫序，以興起賢能。因命春秋鄉飲，博舉明經。〔註136〕

〔註132〕呂勉，〈槎軒集本傳〉，收入高啓撰、金檀輯注，《高青邱詩集》，王雲五主編：《國學基本叢書四百種》（臺北：臺灣商務印書館，民國五十七年十二月，臺一版），頁2。

〔註133〕高啓撰、金檀輯注，《高青邱詩集》，卷六，頁235。

〔註134〕呂勉，前揭文。

〔註135〕「杭、湖、嘉興、松江等府官吏家屬及外郡流寓之人，凡二十餘萬，并元宗室神保大王黑漢等皆送建康。」見《明太祖實錄》，卷二五，頁2a～3b，吳元年九月辛巳條。

〔註136〕冊義雄輯，《隆平紀事》，收入《中國野史集成》第12冊（成都：巴蜀書社，一九九三年），頁5a。

張士誠認為元末失序的現象造成了群雄並起的局面,實由於地方文教不興,使人民失去了可以遵從的倫理法則。興辦學校可藉古聖先賢的訓誨,使社會恢復古樸而守禮的秩序。

渡江以後,士誠仍然繼續江南地區「好儒術,罕尚武藝」﹝註137﹞的傳統,在統治區內建設學校,不讓地方文教因戰亂而荒廢,又令「將吏子弟、民間俊秀游其中者,皆給廩餼,歲比其業。」﹝註138﹞使其專心向學。除了設置縣學外,張氏又於至正二十一年設立鄉學,「凡民間遣子弟入學者,予以衣冠,月給廩米五斗。」﹝註139﹞使學生得到妥善的照料及照顧,這種以興學為教化民風的措施,甚為當時士人所稱許,宋濂即曾稱讚那些在兵荒馬亂之際,為保存教化而興學者:

> 元末兵亂,邑廬盡毀,而廟學巋然獨存,是固有相之道,而賢大夫
> 復能汲汲為此,可謂知化原者矣。﹝註140﹞

張士誠據吳,仍然延續元朝重視地方文教的政策,使江南文風能夠延續下去。不僅如此,他禮遇士人的態度,是當時人所皆知的,吳寬《平吳錄》稱張士誠「居吳,頗好士」﹝註141﹞,「設學士員,開弘文館」﹝註142﹞,並遣人四處招納士人,以壯大自己的聲勢。張氏於至正二十一年特設賓賢館,以招徠四方之士:

> 開館以禮賓客,羈寓之士,所贈遺及飲食、宮室、輿馬、供帳甚盛,
> 凡四方名士避地東南者咸歸焉。﹝註143﹞

張氏的設學校、禮賓客兩項措施甚得當時江南士人的讚許,因此,吳中地區在元末戰亂之際,仍然弦誦之聲不絕,使江南社會仍維持安康的局面,四方之士遂以張氏統治地區為避難之地,江南遂為士人之樂土。

有些原本在元朝當官的士人,如郭良弼、董綬投靠張士誠以取得官職。﹝註144﹞有的士人則認為投靠張士誠是種變節的行為,尤其曾經在元朝當過

﹝註137﹞ (明)粟祁、唐樞等撰,《湖州府誌》,卷五,〈風俗〉,頁26。
﹝註138﹞ 冊義雄輯,《隆平紀事》,頁9b。
﹝註139﹞ 冊義雄輯,《隆平紀事》,頁24a。
﹝註140﹞ 宋濂,《文憲集》(上海:上海古籍出版社,影印四庫全書版,一九九一年),卷十六,頁1,〈金谿孔子廟學碑〉。
﹝註141﹞ 吳寬,《平吳錄》,頁5a。
﹝註142﹞ 陶宗儀,《輟耕錄》,卷二十九,〈紀隆平〉,頁441。
﹝註143﹞ 冊義雄輯,《隆平紀事》,頁24a。
﹝註144﹞ 「元臣郭良弼、董綬,皆為之用。」見吳寬,《平吳錄》,頁5a。

官的人。《輟耕錄》載：

> 濱州有楊乘文載者，以江浙行省左右司郎中，方坐罪免官，寓松江。
>
> 二人（指郭良弼、董綬）言乘于士誠，因遣其下張經招之。乘曰：「弼、
>
> 綬皆王臣，今既失節，又欲引我以濟其惡耶？」〔註145〕

楊乘曾任元朝官員，所以他所說並不能完全代表吳中士人的心聲，但是士人
心中以元為正統，自視為元朝統治下的人民，南宋遺民心態不復存在，卻是
不爭的事實。楊維楨在〈正統辯〉中，認為元應上接宋朝為中國皇朝之正統，
是天意所屬：

> 宋以甲戌渡江，而平江南于乙亥丙子之年，而我王師渡江、平江南
>
> 之年亦同；是天數之有符者不偶然，天意之有屬者不苟然矣。〔註146〕

從〈正統辯〉可以看出楊維楨認為元朝是天命所屬的正統王朝，且他曾任元
朝建德路總管府推官，對於張士誠的招納，他卻「撰五論，具書復張士誠，
反覆告以順逆成敗之說。」〔註147〕可知楊維楨亦是鼓吹張士誠歸順元朝，自
己則認為張士誠政權內部有許多問題，他說：

> 況為閣下之將帥者，有生之心，無死之志矣；為閣下之守令者，有
>
> 奉上之道，無死之志矣；為閣下之親族姻黨者，無祿養之法，有行
>
> 位之權矣。〔註148〕

張士誠沒有接受他的意見，楊氏所指出的問題，實為當時張士誠內部的隱憂。
若將張士誠集團內部問題與元末的社會政治問題比較，可以發現，其實張士
誠治理江南仍然延續元朝治理江南的作法，除了對少數反對他的豪家大族造
成打擊外，張氏治理下的江南地區仍然維持元朝以來的局面，士人仍然保持
在與領導階層相近的地位上，元末江南地區政治的變更並無法改變士人社會
既有的面貌。

張士誠於至正十七年（1357）八月受元朝太尉之職，成為元朝名義上的
臣屬，實際上僅奉元朝正朔，而「錢穀甲兵自據如初」。〔註149〕雖然如此，張
士誠降元，卻符合大部份士人的期望，至少與他們思想深處對元朝的認同感，

〔註145〕吳寬，《平吳錄》，頁5a～b。

〔註146〕貝瓊，〈鐵崖先生傳〉，收入程敏政撰，《皇明文衡》（上海：商務印書館，民
國二十五年），卷六十，頁4。

〔註147〕《明史》，卷二八五，〈楊維楨傳〉，頁7308。

〔註148〕錢謙益，《國初群雄事略》，卷七，頁40a。

〔註149〕吳寬，《平吳錄》，頁8。

沒有產生太大歧異。不僅士大夫如此，連元末紅巾兵興之後，結寨保鄉里的
地方勢力，雖然起因於元朝無法保護鄉民的生命財產，但終究還是希望朝廷
能夠有振興的一日，元末聚兵於無錫的莫天祐就是一個例子：

> 天祐性凶猛，有勇力，人稱爲莫老虎，壬辰間聚集鄉民以自保。張
> 士誠陷常州，招天祐不從，發兵攻之不勝。後士誠受元太尉官，天
> 祐乃降于士誠。〔註150〕

從莫天祐的事蹟來看，與其說他是降於張士誠，不如說他是歸附元朝。這種
歸順元朝的態度，不能只看成是莫天祐一人的主張，應與當時地方整體的想
法相一致。這種忠於元朝的態度，亦可從王逢進策降元及陳基諫張士誠稱王
〔註151〕之事看出端倪。王逢甚至認爲張士誠投靠元朝之後，能夠成爲元朝
在南方的屏障，捍衛元宗室。在張士誠被滅之後，他反而認爲「唇亡遂使諸
蕃釁，板蕩將遺上國憂」，使元朝失去南方強有力的支柱。陳基曾經當過張
士誠的軍事參謀，至正十七年，張士德被俘身死。陳基作詩懷念他：

> 一望虞山一悵然，楚公曾此將樓船；間關百戰捐軀地，慷慨孤忠罵
> 寇年。填海欲銜精衛石，驅狼欲假祖龍鞭；至今父老猶垂淚，花落
> 春城泣杜鵑。〔註152〕

楚公指的是張士德，虞山爲士德被俘之處。陳基此詩作於至正二十三年，距
士德被俘身亡已有六年之久，然而從陳基詩中可知，不僅陳基對士德仍懷有
無限情感，吳中父老仍會因張士德的被擒而落淚。而當時擒張士德而去的朱
元璋等人，則被吳中父老視爲賊寇，可以看出張士誠與朱元璋兩者身份的不
同，在吳中士人眼中，一位是經元朝授官任職的太尉，一位是從紅巾集團出
身的淮西將領，是故他們對張士誠的傾心，是朱元璋所無法望其項背的。貝
瓊在〈姑蘇〉一詩中，即明顯表露對張士誠敗亡的慨嘆：「城潰姑蘇伯業終，
蕭蕭茂苑自秋風；青絲白馬來江表，紫蓋黃旗入洛中。宮殿獨留殘月照，綺
羅應逐曉雲空，如何十萬貔貅士，不及吳陵一旅雄。」〔註153〕另從許多遺留

〔註150〕《明太祖實錄》，卷二十五，頁4a，吳元年九月丁亥條。
〔註151〕「士誠稱王，基獨諫止，欲殺之，不果。」見《明史》，卷二八五，〈陳基傳〉，
　　　　頁7318。
〔註152〕陳基，《夷白齋稿》，收入清・顧嗣立編：《元詩選》（北京：中華書局，一九
　　　　八七年），頁1896。
〔註153〕貝瓊，《清江詩集》，《景印文淵閣四庫全書》集部302（臺北：臺灣商務印書
　　　　館，民國七十五年七月，初版），卷七，頁14b，〈姑蘇〉。

下來的詩中，可以發現許多明初士人仍對元朝懷有故國之思，對張士誠抱有無限惋惜之意。〔註154〕

王逢是江陰人，不仕於元，當「張氏據吳，東南之士咸為之用」〔註155〕時，他婉拒了好友對他的召喚，隱居於上海的烏泥涇，然而他卻志不在仕途，而在於山水之間，他認為能夠「相攜柑酒聽鶯啼」，優游於山林之間，是人生一大樂事。〔註156〕雖然王逢並未出仕，但是從他的《梧溪集》中，處處可見他與諸文士唱和、與官員酬答之作。顯示在張士誠治理之下，士人雖不出仕，亦可在文人集團中以詩文相尚，也可與官員名流往來，並不影響自己在野的身份。許多興趣相投的士人往往比鄰而居，形成士人社會，易於情感之聯繫。如高啟、徐賁等人，有「北郭十友」之稱：

> 初，高啟家北郭，與行比鄰，徐賁、高遜志、唐肅、宋克、余堯臣、
> 呂敏、陳則皆卜居相近，號北郭十友，又號十才子。〔註157〕

北郭十友中，唐肅、余堯臣等二人曾為張士誠掾屬。從徐賁〈陪潘右丞燕集〉一詩，可以想見當時文士與張士誠集團間宴會之情形，顯現士人「歡承嘉會情」〔註158〕、「有樂當自縱」〔註159〕的景況，而徐賁《北郭集》中更多的是與北郭十友們登臨唱和之作，顯見當時士人們交遊之頻繁。不管是與張士誠的官員宴集，或是與諸文友唱和，士人始終都是以詩文的創作為主。高啟並未依附張士誠，他以歌詠為生活重心的隱逸情懷，未嘗改變：

> 張士誠有浙右時，群彥多從仕者，啟獨挈家依外舅周仲達，居吳淞
> 江上，歌詠終日以自適。〔註160〕

高啟家有田地百餘畝，位於吳淞江岸邊，雖然到高啟時已經有些家道中落，仍可靠耕讀過日子。這樣的家世背景，使他能夠「歌詠終日以自適」，過著名士般悠閒的吟詠生活。更何況他的丈人周仲達，是吳中「鉅室」〔註161〕，因

〔註154〕參見勞延煊，〈元明之際詩中的評論〉，頁148～159。
〔註155〕王逢，《梧溪集》，頁1a，〈四庫全書梧溪集提要〉。
〔註156〕王逢，前揭書，卷一，頁53a，〈謝浙省諸僚友見招〉。
〔註157〕《明史》，卷二八五，〈王行傳〉，頁7330。
〔註158〕徐賁，《北郭集》，《景印文淵閣四庫全書》集部307（臺北：臺灣商務印書館，民國七十五年七月，初版），卷一，頁20b，〈陪潘右丞燕集〉。
〔註159〕徐賁，前揭書，頁20b～21a，〈八月十五夜飲王擴相川別業得動字〉。
〔註160〕《本（明）朝分省人物考》（臺北：成文出版社，民國六十年），卷十八，〈南直隸蘇州府・高啟〉，頁1。
〔註161〕呂勉，〈槎軒集本傳〉。

此，高啓在張士誠統治期間，可以無視政權的交替，過著隱士般的生活。

　　詩文的交酬，成爲當時的一種交際手段，能夠在宴集交遊中以佳句取勝者，自然能贏得當時眾多文士的仰望，聲名自然不脛而走。高啓在十六歲時成名，後人記述其成名的經過曰：

　　　　淮南行省參知政事臨川饒介之，分守吳中，雖位隆望尊，然禮賢下
　　　　士。聞先生名，使使招之再，先生畏避。久之，強而後往，座上皆
　　　　鉅儒碩卿，以倪雲林竹木圖命題，實試之也。〔註162〕

從這段記載可知當時舉行詩文聚會的一般形式，首先是由一有名望之人率先召開，如文中的饒介，時任「淮南行省參政」〔註163〕，是個位隆望尊的人物。再者，要有一群名儒耆老參加這樣的宴會，愈多知名士人參加，代表主人的號召力與面子愈大。宴會中席，以某一事物爲命題，使在座士人分韻賦詩，若能譜出佳句、使在座皆驚者，聲名將在士林中廣爲流傳。

　　高啓此次所作詩「含蓄深遠」，主人饒介大爲驚異，並延之上座。此時高啓方才十六歲，已經得到文壇中最大的禮遇了。此後高啓遂「名重搢紳間」，使「東吳騷雅士咸推轂焉」。〔註164〕高啓能夠與鉅室周仲達結成親家，也是因爲他擁有名士的身份，雖然他與周仲達的女兒早已有婚約，但因家道中落，無法備齊六禮，婚事便一拖再拖，但高啓以詩成名後，周仲達遂以女妻之。江南地區講究門當戶對及婚聘之禮數，高啓本因家道中落而無法娶鉅室之女，後因文名遠播而得以如願，可知士人的身份在當時的社會中甚被看重。士人的交遊有特定的對象，活動有特定的場合，他們的交往的方式，有一定的方式及內容，所以自成一個團體，在江南社會中享有頗高的地位。

　　除了以文會友的詩會之外，還有品評文人詩作等第的詩社：

　　　　浙中每歲有詩社，聘一、二名儒，如楊廉夫輩主之，宴賞最厚。饒
　　　　介之分守吳中，自號醉樵，延諸文士作歌，張仲簡詩擅場，居首座，
　　　　贈黃金一餅；高季迪白金三斤，楊孟載一鎰。後承平久之，張洪修
　　　　撰，爲人作一文，得五百錢。〔註165〕

詩會及詩社成爲文士成名之地，詩會中的獎賞豐厚，使士人免除經濟上的憂

〔註162〕同前註。
〔註163〕「張氏入吳，杜門不出。士誠慕其名，自往造請，承制以爲淮南行省參政。」
　　　　見錢謙益，《列朝詩集小傳》，甲前集，〈饒右丞介〉，頁80。
〔註164〕《本（明）朝分省人物考》，卷十八，頁1a，〈南直隸蘇州府〉。
〔註165〕錢謙益，《列朝詩集小傳》，甲前集，〈白羊山樵張簡〉，頁70。

慮。引文中的楊孟載，即楊基，自幼敏悟絕人，工文辭議論，並得到當時知名人士的肯定，成爲東南知名的文士。〈眉菴集後志〉稱：

> 當時文章大家若饒參政介之、周左丞伯溫見皆奇之。會稽楊廉夫以詩伯一時，少所推可，僑寓雲間，往來吳下，以所號鐵笛謂先生能歌之乎？先生曰：「不惟爲作鐵笛歌，尤且切效老鐵體。」翌日成，以示。廉夫不覺自失曰：「吾意詩徑已蕪，今復得子。老鐵當退步，讓爾出一頭地也。」〔註166〕

楊維楨本以鐵笛歌著名一時，楊基仿效鐵笛歌的詩體另作鐵笛歌，而得到讚賞，享譽東南，這種文名比政治上的官名更令士人心動，認爲文章是千古大業，必須盡心血爲之。引文中的周伯溫即元江浙行省參知政事周伯崎，至正十七年張士誠歸元後，被留在吳中接受張士誠賜予的宅第與豐厚的祿養，「日與諸文士以文墨流連」〔註167〕。周伯崎是元朝江南的官員，實際上的江南統治權卻操在張士誠的手中；元朝是名義上的代表，張士誠卻是執行政策的人物。張士誠仍然延續元朝以來在江南治理的手段，以寬厚的政策對待士人，這種錯綜複雜的政治局面，並不影響士人在江南社會上的生活和地位，從周伯崎被留在吳中之後，仍然過著文墨相酬的生活看來，張士誠入吳中以後，除了招攬部份士人參加他的幕僚外，對士人社會並未造成太大的改變。而這一點，正是日後士人們懷念張士誠的原因之一。

從另外一個角度來看，這種厚養士人的結果，使許多江南士人的經濟環境得以維持在優渥的狀態，一些出身貧窮的士人更是靠這種經濟支柱，在維持家計之餘，能有餘裕與士人群體以詩文相酬答，過著傳統文士的生活。所以張士誠的好士亦間接維持了江南地區的文風。如山陰人張憲，曾任張士誠太尉府參事、樞密院都事等職，清初四庫館臣評曰：「自知所託非人，而貧賤銜恩不能自拔」〔註168〕。觀張憲詩文，可以發現他投靠張士誠，除了家計貧窮的因素外，希望元室中興也是他心中的企盼，可惜張士誠無法達成這一目標，張憲自述道：

> 干戈不息殆且十年，余流連江湖間，幽憂憤奮不見中興，涯際四方

〔註166〕楊基，《眉菴集》，《景印文淵閣四庫全書》集部307（臺北：臺灣商務印書館，民國七十五年七月，初版），頁1a～b，不著撰人，〈眉菴集後志〉。

〔註167〕吳寬，《平吳錄》，頁8。

〔註168〕張憲，《玉笥集》，《景印文淵閣四庫全書》集部282（臺北：臺灣商務印書館，民國七十五年七月，初版），頁2，〈四庫全書提要〉。

又無重耳、小白之舉。思欲終老深山大澤中，且所不忍；將欲仗劍
軍門，而可依者何在？〔註169〕

若從至正十二年天下大亂開始起算，則張憲此文約作於至正二十二年，張士
誠據平江也有六年的時光，張憲曾在士誠幕下任職參事，但他亦不認為張士
誠如春秋時代晉文公、齊桓公般有尊王攘夷的功業。他把元王室比擬成周天
子，將元末群雄比擬成春秋時代侵犯中原的夷狄，而張士誠雖貴為元朝太尉，
但對中興之舉實無任何作為。張憲在文中自言想有所依託，不是依託在推翻
元朝的人身上，卻是依託在能讓元朝振衰起弊的人身上。

在張士誠優禮士人的情況下，吳中士人於天下多事之秋，仍能在江南享
受山水之樂。貝瓊曾指出天下大亂之後，江南士人仍過著神仙般的生活：

至正初，客錢唐，屬國家承平無事，而池臺苑囿甲於三吳，與一二
賓客往來湖山之間，此一方壺也。及來華亭也，海內兵變，西北州
郡毒於侵暴屠燒，而編民之死者十九。吾幸安居暇食以談禮樂於干
戈之表，亦一方壺也，是非神仙之所得專矣。〔註170〕

方壺為傳說中神仙所居之地，貝瓊將松江府比擬成方壺，並可與三五好友談
詩論道、暢遊山水之勝，與其他地區比較起來，直如神仙所居之地。貝瓊，
字廷琚，崇德（明嘉興府崇德縣）人。「性坦率，篤志好學，年四十八，始領
鄉薦。張士誠屢辟不就。」〔註171〕不仕於張士誠的貝瓊，仍能在江南過著神
仙般的生活，可見在張士誠治理區域中，並沒有政治上的歧視，不論是否願
意出仕，仍能過著自己想要過的生活。

承繼元末既有之風氣，士人社會在張士誠治理期間詩文往返頻繁，甚至
在朱元璋圍蘇州城時，吳中文士仍日以詩文相唱和，後人曾描寫楊基在圍城
中的生活道：

圍城中，日與才友高季迪、王止仲、張來儀、徐幼文輩相倡和以自
適。〔註172〕

元末江南士人，以文章之道自處，已經成為一時風氣，是故他們在戰亂之際
也不忘賦詩為文。在徐賁的《北郭集》中，有一首七言古詩描寫中秋與友人

〔註169〕張憲，前揭書，卷三，頁37，〈琴操序〉。
〔註170〕貝瓊，《清江文集》，卷五，頁5b～6a，〈方壺記〉。
〔註171〕《明史》，卷一三七，〈貝瓊傳〉，頁3954。
〔註172〕楊基，《眉菴集》，〈眉菴集補遺〉，頁1，〈眉菴集後志〉。

賞月的情景：

> 佳節於人既不惡，暢懷痛飲心所甘。原知樂景不易遇，匪曰嗜好成
> 淫耽。此月一去又一載，坐看直待雞號三。〔註173〕

此詩作於至正二十六年八月十五，而朱元璋已於八月初二誓師伐吳，〔註174〕
從徐賁詩中找不到有關大軍壓境的任何記載，宛如置身太平盛世之中。士人
們一如往常般在詩句上雕琢，為了貪看一年一度的中秋滿月而坐至天白雞
鳴，尚不知這個中秋已是張士誠治理下的最後一個太平無事的節日。而高啟、
王行、張羽、徐賁等人，於圍城中照常以詩文相酬，但詩文中反映了當時時
局的動盪不安，如徐賁〈丁未六月廿八夜作〉寫道：

> 西風作雨又仍休，臥起園齋夜更幽；天黑露華涼不下，雲疏河影淡
> 還流。陰蟲齊響渾忘夏，落葉頻飄預報秋；亂後俄經時節異，卻將
> 何計為消憂。〔註175〕

丁未年（1367）六月底距去年十一月底平江被圍，已經常達七個月的時間。
從詩中可以看見詩人的憂愁，只是這「憂」字可解者甚多，詩中並未明說，
只以時節變異來闡釋心中的愁思。在戰亂中，詩人仍然以飲酒賦詩為常，顯
示了他們對張士誠政權的安危並沒有付出太大的擔心，這種略帶事不關己的
心態，可以從北郭十子張羽的〈續懷友詩序〉中看出：

> 予在吳城圍中，與余唐卿諸君游，皆落魄不任事，故得流連詩酒。
>
> 〔註176〕

被朱元璋軍隊圍困十月之久的蘇州城，城內士人仍然與以往一般流連於詩酒
宴集之間；當時余堯臣擔任張士誠的幕下之客，情況亦相同。圍城中的士人
對時局的看法可從王行當時寫給王彝的一封書信中看出端倪，他在信中寫
道：「士大夫生逢亂世，已為不幸；困處圍城之中，是重不幸也。」、「家居安
處，仰可以承父母之顏色，俯可以接妻子笑言。」〔註177〕可知，士人在亂世
圍城之中，雖然流連於詩酒宴集之間，他們的心境實是鬱鬱不安的。王行勸

〔註173〕徐賁，《北郭集》，卷三，頁 2a～b，〈丙午中秋與余左司王山人高記室同過張
　　　　文學宅看月〉。

〔註174〕《明史》，卷一，〈太祖本紀一〉，頁 14。

〔註175〕徐賁，前揭書，卷五，頁 4a，〈丁未六月廿八夜作〉。

〔註176〕錢謙益，《列朝詩集小傳》，甲前集，〈余左司堯臣〉，頁 99～100。

〔註177〕王行，《半軒集》，《景印文淵閣四庫全書》集部 308（臺北：臺灣商務印書館，
　　　　民國七十五年七月，初版），卷二，頁 19b，〈與王常宗書〉。

王彝以家事爲重，不要理會世局的戰亂離合，讓自己在圍城的緊張氣氛之中，仍能保有溫馨的家居生活。

　　事實上，圍城中的氣氛是日益緊張的，我們可以從杭州城被圍的景象體會出王行所言，「困處圍城之中，是重不幸」話中所隱含的悲哀：

> 至正己亥冬十二月，金陵游軍斬關而至，突至城下，城門閉三月餘，
>
> 各路糧道不通，城中米價湧貴，一斗直二十五緡。越數日，米既盡，
>
> 糟糠亦與平日米價等，有貲力人則得食，貧者不能也。〔註178〕

杭州城於至正二十六年九月三十日被圍，僅被圍三月餘，城中的景況已凄慘至此，糧食短缺、物價騰貴；這種現象亦同樣發生在被圍十月之久的蘇州城中，士人生活的處境遠非承平時可比，他們對時勢的動盪不安，心中的感觸甚爲深刻。然而，張士誠固守吳中、不求往外發展的局勢已然形成，大環境的變動實非一己之力所能改變。只能退而求其次，以修身、齊家的理想取代憂心時局的鬱悶心情。

　　綜上所述可知，張士誠治下的吳中士人，仍然承襲了元代以來江南的風氣，過著以詩文相尙的生活。由於張士誠禮賢下士及吳中地區長時期的安定，江南地區成爲士人群聚避難之地。很多士人投靠在張吳的陣營之中，楊維禎曾形容當時依附張士誠的士人，「三吳之會爲今淮吳府也，客之所聚者幾七千人。……吳之客七千，異於妾婦者幾人？」〔註179〕可知張士誠陣營中的士人，大多爲庸碌之才，使得眞正具有才幹者不甘與之同流合污，雖然對時局的動盪憂心不已，然而已逐漸將用世之心轉移到詩文造詣與修身齊家的爲己之學上。

〔註178〕陶宗儀，《輟耕錄》，卷十一，〈杭人遭難〉，頁175。
〔註179〕楊維禎，《東維子文集》，卷八，頁12b，〈送王公入吳序〉。

元代的文人儒士（右玉寶寧寺水陸畫）

資料來源：《歷史人物之旅》，頁 114。

第三節　元末江南士人的不仕之風

　　元末江南地區雖然歷經政權的交替，然而元朝政府與張士誠集團對江南士人的態度卻是相去無幾。縱使張士誠治理江南時，使許多士人有機會登上政治的舞臺，卻使有志之士更加與之保持距離，以維持自身品格的高潔，使不仕之士在群雄割據地區，成為一股清流。這種不受政權更替所影響的不仕風氣，在張士誠治理的江南地區更為顯著。

　　張士誠滅亡的原因，有人認為是「以游談之客為良平，以驕縱之士為韓白，上下昏惑，淪胥敗亡。」〔註180〕當時持這種看法者甚多，如張士誠在至正十八年曾經以厚幣招致楊維楨，楊維楨復書斥責他用人之道說：

　　　　觀閣下左右參議贊密者，未見其砭切政況，規進閣下於遠大之域者。
　　　　使閣下有可為之時，有可乘之勢；而迄無有成之效，其故何也？為
　　　　閣下計者少，而為身謀者多，則誤閣下者多矣。〔註181〕

可見張士誠幕下之客眾多，但未必皆為有用之士。缺乏謀略之士在政權內部運作，使張氏政權趨於衰敗；至正十七年張士德被擒之後，政事皆委付張士信，然而士信「每事惟與黃敬夫、葉德新、蔡彥文三人謀。三人者，皆諂佞憸邪，惟事蒙蔽，故其國政日非。」〔註182〕張氏晚期耽於安樂而無法自拔，與政權周遭缺乏有遠見的士人有關。正因如此，清流者不願與之為伍，嗜利者則爭趨之，《明實錄》稱：

　　　　士誠持重寡言，欲以好士邀譽。士有至者，不論賢不肖，輒重贈遺，
　　　　輿馬居室無不充足，士之嗜利者多往趨之。〔註183〕

張士誠的禮賢下士雖然造成了部份士人的群相趨附，但對政權的維持與發展並無太大的貢獻。佔有富庶的吳中地區後，「子弟、親戚、將帥羅列中外美衣玉食、歌妓婦女，日夕酣宴。」〔註184〕呈現昇平的景象，由於過分安樂，使張士誠「深居於內，敗一軍不知，失一地不聞，縱知亦不問。」〔註185〕對局勢不聞不問，生活日益驕奢：

〔註180〕楊儀，《金姬傳》（臺北：新文豐出版公司，叢書集成新編，民國七十四年），頁2，〈金姬傳序〉。
〔註181〕錢謙益，《國初群雄事略》，卷七，頁40b。
〔註182〕谷應泰，《明史紀事本末》（中華書局本），卷四，〈太祖平吳〉，頁62。
〔註183〕《明太祖實錄》，卷二五，頁5b，吳元年九月己丑條。
〔註184〕吳寬，《平吳錄》，頁30。
〔註185〕同前註。

> 士誠兄弟驕佚，闇于斷制，權爲文史所竊。築景賢之樓，開弘文之
>
> 館，名士之至，輒厚贈遺。而舊將多見疏失，上下乖疑，或奉遣當
>
> 行，輒病不應，邀求滿意，乃一出。〔註186〕

可見張氏政權的驕佚與其好士是並存的，但張士誠的好士並不代表即能改變
元末以來的不仕之風，只是提供當地士人出仕機會及更好的待遇而已。

在張士誠統治吳中期間，許多士人逃避張士誠的徵召，最爲著名的是倪
瓚，他的先世即是鄉里中的豪富，但他卻在至正初年天下太平無事之時，「盡
斥賣其田產，得錢以與貧交疏族。」〔註187〕他這種超乎尋常的舉動，招致竊
笑與不解，迨戰亂之後，富室多遭劫掠，喪失了往日引以自豪的財富，人們
才佩服倪瓚先前的見識。在兵荒馬亂之際，富室不僅無法保有其既有之財富，
連生命也遭受威脅，倪瓚靠著「扁舟、箬笠往來江湖上，獨免於難。」〔註188〕
張士誠佔有吳中之後，倪瓚扁舟簑箬笠以逃避徵仕：

> 張士誠欲招之不肯出，其弟士信怒。一日，與賓客宴湖上，聞葦中
>
> 有異香，疑爲瓚，物色漁舟中，果得之，抑幾死，終無一言。〔註189〕

古代高士往往隱於漁樵，倪瓚以江上簑笠翁的行止表明自己不仕的意願。洪
武七年，倪瓚才回歸故里，不再過著漂泊江湖的隱士生涯。他死後，吳人周
南老以「元處士雲林先生」志其墓，〔註190〕可以看出倪瓚以元人自居而不願
作官的人生理念。倪瓚卒於洪武七年，而他適在此時回歸鄉里終老，後人仍
在其墓碑上刻以「元處士」的稱號，可見他自張士誠據吳以來歷經近二十年
的「混跡編氓」〔註191〕生涯，始終以元遺民自處。至正二十五年，他寫一首
詩給友人王仲和，懷念十年前與故人相聚之樂，因爲在張士誠屢招倪瓚之時，
倪瓚寓居其家四年之久：

> 曾住南湖宅，于今已十年。叢筠還自翳，喬木故依然。
>
> 雨雜鳴渠溜，雲連煮芋煙。何時重相過，爛醉得佳眠。〔註192〕

〔註186〕查繼佐，《罪惟錄》，（臺北：臺灣商務印書館，據上海涵芬樓影印本景印，民
　　　　國六十五年），列傳六，頁34a，〈張士誠〉。

〔註187〕顧嗣立，《元詩選》，〈清閟閣稿·雲林先生倪瓚〉，頁2091。

〔註188〕柯紹忞，《新元史》，卷二三八，頁11b，〈倪瓚傳〉。

〔註189〕同前註。

〔註190〕錢謙益，《列朝詩集小傳》，甲前集，〈雲林先生倪瓚〉，頁69。

〔註191〕查繼佐，《罪惟錄》，列傳二七，頁6a，〈倪瓚〉。

〔註192〕倪瓚，《清閟閣稿》，收入顧嗣立編，《元詩選》初集，頁2106，〈題畫贈王仲
　　　　和〉。

詩中對當年寓居南湖時的描寫，猶如過著與喬木、山雲爲伴的隱逸生活，而他在十年後仍然懷念那四年「翛然忘塵慮」〔註193〕的隱居歲月。從這首詩中可以看出倪瓚之所以不仕，乃因他不喜塵世煩囂的生活，他的不仕近乎本性流露，這也可以解釋他在至正初年拋棄家產的行爲，而其淡泊名利的本性亦於此顯露無遺。倪瓚在〈行人有傳余死者，貞居聞之愴然，因賦此以寄〉詩中曾透露出他的隱士情懷：

> 果園橘熟誰分餉？茅屋詩成懶寄將。衰謝皆傳余已死，迂疏眞與世相忘。夜分風雨雞鳴急，天闊江湖雁影長。寥落百年能幾面，論文猶及重銜觴。〔註194〕

詩中明白告訴世人他的行事純任自然，猶如果園中的橘子成熟了，不會自動地分給別人享用，一定要人去探訪，才能夠嚐得鮮美的果實；所以他隱居鄉野，不與士人詩文相通，不是一種矯揉造作的行爲。

把倪瓚的不仕，放在元明之際的時代脈絡中檢視，可以發現元朝對江南士人頗爲寬厚，雖然限制了仕途發展，卻使士人有屋可藏，有書可讀，不需在宦海浮沈。外在環境的塑造，使得不仕之風在元末更爲盛行，蔚爲此一時代的特殊風氣，也形成此時士人別具一格的生命情懷。如吳定翁，字仲谷，他的拒絕入仕，有其自身的處世哲學：

> 辟薦相望，終身不出，嘗曰：「士毋求用於世，惟求無愧於世，可也。」〔註195〕

吳定翁認爲士人只要能夠「無愧於世」就可以了，不一定要汲汲於用世。類似的處世哲學，在當時頗爲常見，如華亭夏處士（濬，字景深）就說：「士生天壤間，能行己惠人足矣，亦何必居官爲政哉？」〔註196〕這種消極退避的心態，可以想見當時士人無視於「學而優則仕」的傳統，以更悠閒的心境面對人生的抉擇，認爲士人對人間的責任只要無愧即可，不必將經世濟民的大擔子壓在自己的肩上。

在這個時代中，不求用世的士人很多，如詩名遠播東南的楊維楨。從楊維楨人生旅途上的遭遇，可以窺知元末社會上的些微末節。維楨成爲當時東南地

〔註193〕同前註。
〔註194〕倪瓚，《清閟閣稿》，〈行人有傳余死者貞居聞之愴然因賦此以寄〉，頁2110。
〔註195〕《新元史》，卷二三八，〈吳定翁傳〉，頁6b～7a。
〔註196〕貢師泰，《玩齋集》，卷十，〈元故處士夏君墓誌銘〉，頁18b。

區的文壇領袖，「海內薦紳大夫與東南才俊之士，造門納履無虛日」〔註197〕，
對士人的影響很大，宋濂曾指出：

> 元之中世，有文章巨公，起於浙河之間，曰鐵崖君，聲光殷殷，摩
> 戛霄漢，吳越諸生多歸之，殆猶山之宗岱，河之走海，如是者四十
> 餘年乃終。〔註198〕

東南地區的士人多以楊維楨爲景仰的對象，其作詩的風格、處世的態度皆備
受推崇。楊維楨的詩「震盪凌厲，駸駸將逼盛唐」〔註199〕，號爲「鐵崖體」，
爲文壇時尚所趨。元泰定帝泰定四年（1327）登進士第，授官天台尹階承事
郎，對官府黠吏舞弊行私的打擊不遺餘力，但也因此而遭到罷黜，後來改任
錢清場鹽司令，「頓首涕泣於庭」〔註200〕請有司減輕鹽賦楊維楨，浙省行中書
省長官並沒有採納他的建議，乃投印棄官而去。

　　楊維楨在仕途上遭受挫折，一因當時吏治已趨腐敗，又因其個性「狷直
忤物」〔註201〕，不能容忍損民利官的情事。正因爲與時齟齬，才致力於文辭，
終致「神出鬼沒，不可察其端倪」〔註202〕的境界，之後「名執政與司憲紀者
豔君之文，無不投贄願交，而薦紳大夫與岩穴之士踵門求文者，坐無虛席。」
〔註203〕

　　洪武三年，宋濂替楊維楨所寫的墓誌銘上仍然認爲以文爲名者能夠流芳
百世，遠甚於爲顯宦、爲富商者：

> 彼貨殖者不越朝歌暮絃之樂爾，顯榮者不過紆朱拖紫之華爾；未百
> 年間，聲銷影沈，不翅飛鳥遺音之過耳，叩其名若字，鄉里小兒已
> 不能知之矣。至若文人者，挫之而氣彌雄，激之而業愈精，其巋立
> 若嵩華，其昭回如雲漢，衣被四海而無慚，流布百世而可徵。〔註204〕

依宋濂所見，由吏出身而致顯宦，或是家有巨產者的身後評價皆不及在文章、

〔註197〕《明史》，卷二八五，〈楊維禎傳〉，頁 7308～7309。
〔註198〕宋濂，《宋學士文集》，收入王雲五主編：《國學基本叢書四百種》（臺北：臺
　　　　灣商務印書館，民國五十七年十二月，臺一版），卷十六，〈元故奉訓大夫江
　　　　西等處儒學提舉楊君墓志銘〉，頁 304～305。
〔註199〕宋濂，《宋學士文集》，卷十六，頁 306。
〔註200〕宋濂，《宋學士文集》，卷十六，頁 305。
〔註201〕錢謙益，《列朝詩集小傳》，甲前集，〈鐵崖先生楊維楨〉，頁 59。
〔註202〕宋濂，《宋學士文集》，卷十六，頁 306。
〔註203〕同前註。
〔註204〕宋濂，《宋學士文集》，卷十六，頁 307。

學術上建立功業者，雖然這種看法在中國歷史上所在多有，「立言」也一直被
視爲人生三不朽之一，但是重視文章學術遠甚於宦途舉業，則是元末士人比
較獨特的心態。

第三章　明初江南隱逸的類型及其不仕因素之分析

　　《莊子‧秋水篇》曰：「當堯舜而天下無窮人，非知得也；當桀紂而天下無通人，非知失也；時勢適然。」明初江南多隱逸士人，亦可謂是時勢使然。明初士人不仕原因甚為複雜，除了元代不仕風氣及明初仕進之途險巇等外在因素影響之外，也揉雜了傳統的忠節思想與個人因素在內。隨著張士誠政權的結束，士人社會遭受打擊，自南宋以來江南地區保存至元末的士人社會，在朱元璋政權建立之後，面臨不同的政治抉擇。

　　明初江南的隱逸士人，就其與鼎革之際政權的關係來看，可歸納為四種類型：一是仕於元、張者，二是仕於元而不仕於張者，三是不仕於元而仕張者，四是元、張皆不仕者。這四種類型的士人，元末的出處各異，明朝開國後，其經歷與心態亦有不同。最後，探討明初士人之隱逸原因，目的在透過這個時代隱逸士人的思想與行為，略窺這個時代士人的心態。

第一節　鼎革之際仕與隱的抉擇

一、朱元璋與江南士人的關係

　　至正二十七年（1367）九月，徐達攻克平江（今蘇州），結束了張士誠在吳地長達十二年的統治。此時除了浙東地區仍為方國珍所據之外，江南廣大區域已為朱元璋所有。早在至正十六年三月，朱元璋攻下集慶以為根據地，並擴展至鎮江、廣德、太平、寧國、常熟等地，勢力範圍漸與張士誠接鄰，

朱元璋與江南士人接觸的歷史幾與張士誠同時。〔註1〕朱元璋攻克集慶之後，隨即詔告在城的官吏父老們：

> 元政瀆擾，干戈蜂起，我來爲民除亂耳，其各安堵如故。賢士吾禮
> 用之，舊政不便者除之，吏毋貪暴殃吾民。〔註2〕

諭文中明白表示他要革除元朝以來的秕政，特別是貪贓枉法的地方吏治，朱元璋到江南「爲民除害」的宣示，使人民「大喜過望」。他並將在集慶城時，力戰而死的元御史大夫福壽妥爲埋葬，以表達對他忠心護國的敬意。這種表揚元臣的措施，消除了當地居民對朱元璋的疑懼，對新附地區的人心頗有安撫的作用。

從他招聘夏煜、孫炎、楊憲等十餘人的措施來看，可以肯定朱元璋是相當注重士人的。更確切地說，朱元璋對士人的招攬，是由於深知士人運籌帷幄，對他的攻城掠地及治理地方庶務，具有一定的幫助。早在至正十三年，定遠儒士馮國用與弟馮國勝率眾降附時，就曾獻計於朱元璋，勸他攻取金陵：

> 金陵龍蟠虎踞，眞帝王之都，願先拔金陵定鼎，然後命將四征，討
> 除群寇，救生靈於水火，勿貪子女金帛，天下不難定也。〔註3〕

結果，朱元璋聽取儒生攻取金陵的計策，並使日後的發展都依循這個策略去推行。但他對儒生並非完全信任，無所防備。至正十三年，定遠人李善長來謁，朱元璋將他置於幕下，掌理書記。〔註4〕曾對李善長說：

> 方今群雄並爭，非有智者不可與謀議。吾觀群雄中，持案牘及謀事
> 者多毀左右將士，將士弗得效其能，以至于敗。其羽翼既去，主者
> 安得獨存，故亦相繼而亡。汝宜鑒其失，務協諸將以成功，勿效彼
> 所爲也。〔註5〕

因此，擔任朱元璋謀士者，不得在軍中大發議論，以免影響軍心，也不得訾毀將士，使部隊內部意見紛歧。從朱元璋對李善長的約束來看，可以確定朱元璋是一位明於用人的首領人物，他不僅可以有效地約束儒生的行爲，使將

〔註1〕「（至正）十六年二月陷平江，并陷湖州、松江及常州諸路。」見《明史》，卷一二三，〈張士誠傳〉，頁3693。

〔註2〕《明史》，卷一，〈太祖本紀一〉，頁15。

〔註3〕高岱，《鴻猷錄》（臺北：新興書局，據萬曆丁巳年刻本影印，民國六十六年八月），卷二，頁1b，〈延攬群英〉。

〔註4〕「定遠人李善長來謁，上一見知其爲長者，禮之。與語竟日皆合，留置幕下，掌書記。」出處同前註，頁2a。

〔註5〕《明太祖實錄》，卷一，頁6a～b，至正十三年六月條。

士同心協力，也廣納儒生對他的建言，因爲他相信在戰陣之外，只有藉儒生之力方可達到安撫人民的效果，他說：

> 躬擐甲冑，決勝負於兩陣之間，此武夫之事，非儒生所能。至若承
> 流宣化，綏輯一方之眾，此儒臣之事，非武夫所能也。〔註6〕

因此，朱元璋對儒生治平天下的建議多欣然接受。早在至正十五年，朱元璋率諸將渡江，攻破采石、太平時，就有太平路的耆儒陶安、李習迎見。陶安即已建議朱元璋弔民伐罪，以成帝王之業，他說：

> 方今四海鼎沸，豪傑並爭，然其志皆在子女玉帛，非有撥亂救民之
> 心。明公率眾渡江，神武不殺，以此順天應人而行弔伐，天下不足
> 平也。〔註7〕

李善長、馮國用、馮國勝皆爲定遠人，是朱元璋在江北征戰時任用的儒生。陶安則是朱元璋渡江之後第一個獻策的江南士人。朱元璋曾說：「朕初渡江時，江南之士謁於軍門者，陶安實先，即以帝王事功期於始見之際。」〔註8〕陶安建議朱元璋攻取建康的原因是「金陵形勢可都」〔註9〕，這句話影響朱元璋決定南下渡江攻取金陵，奠定了朱元璋帝業的基礎。考諸史實，陶安是朱元璋攻克太平、兵臨城下時，率父老迎降的士人，今日無從得知其歸附朱元璋的眞正意圖。然而，從他的進言中，不難發現其眞正用意應在勸朱元璋放棄殺戮，不要掠奪民財，使太平城中的百姓獲得保全。

因此，朱元璋軍臨江南之後，士人與他的依附關係，應是瞭解士人眞正意向的關鍵。至正二十年三月，劉基、宋濂、章溢、葉琛至建康謁見顯示，〔註10〕乃至正十八年底，胡大海進攻婺州時，進言劉、宋、章、葉等四人賢能可用，朱元璋方才遣使招聘之。〔註11〕自遣使招聘至四人到建康謁見，間隔約有一年餘，可見他們也不是隨聘隨到。這段觀望的時間顯示他們起初並不是十分願意出仕。考察劉基的事蹟即可稍微瞭解士人與朱元璋的關係，據《鴻猷錄》載：

〔註6〕 《明太祖實錄》，卷三十一，頁10b，洪武三年三月癸亥條。
〔註7〕 高岱，《鴻猷錄》，卷二，頁3b。
〔註8〕 《明太祖實錄》，卷二九，頁12a，洪武元年春正月己亥條。
〔註9〕 查繼佐，《罪惟錄》，列傳八，頁26a，〈陶安傳〉。亦見《明史》：「金陵古帝王都，取而有之，撫形勝以臨四方，何向不克？」見《明史》，卷一三六，〈陶安傳〉，頁3925。
〔註10〕 高岱，《鴻猷錄》，卷二，頁6b。
〔註11〕 同前註。

（劉基）仕元爲江浙儒學副提舉，不合去。遊西湖見異雲起，曰：「此天子氣也，應在金陵，十年後有王者起其下，我當輔之。」後以事羈管紹興，行省復起用之，基知時不可爲，棄官歸青田，集眾保鄉里。〔註12〕

若劉基預知金陵有王者興，爲何不在朱元璋下金陵時即前往輔佐，反而要「孫炎再致書固邀之」〔註13〕，才懷著忐忑不安的心情，前來面見朱元璋。〔註14〕因此，上引史料隱藏了劉基在輔佐朱元璋之前的意向。至正十六年，劉基正與石抹宜孫共謀討寇事宜，當時朱元璋在劉基眼中，與那些以武力割據稱雄的賊寇沒有多大差別。所以，至正二十年劉基到金陵謁見朱元璋的心情是矛盾與複雜的，唯一能夠解釋他轉變的原因，是他已對元朝的軍事、行政措施失去信心，希望能夠藉助別的力量弭平大亂。至正十六年，劉基獻策給朝廷以討滅賊寇，卻遭到貶抑，迫不得已才隱居青田山中，不問世事。此時他的詩中即有幾許無奈：

> 溪上寒山淡落暉，溪邊風送客帆歸，故家文物今何在，平世人民半已非。華髮老翁啼進酒，蓬頭稚子笑牽衣，自嗟薄質行衰朽，未睹明廷賦采薇。〔註15〕

詩中流露出歷經戰亂人事已非的嗟歎，然而心中卻不放棄對太平盛世的期待，特別是自己並非在治平之時歸隱鄉里，深感百般無奈。由此看來，劉基希望掃平亂事的志向，並未隨著他的歸隱而消逝，所以當朱元璋以紅巾軍進據建康時，劉基遲遲未肯受聘。錢謙益將劉基與懷有故國之思的王逢相提並論，說：

> 或言犁眉公之在元，籌慶元，佐石抹，誓死馳驅，幾用自殺。佐命之後，詩篇寂寥，彼其志之所存，與原吉何以異乎？〔註16〕

劉基出佐朱元璋之後，其詩文中流露的寂寥，尤堪玩味。近人勞延煊在〈元明之際詩中的評論〉中，發現劉基詩篇中處處隱含著對元室衰亡的悲愴之情。

〔註12〕 高岱，《鴻猷錄》，卷二，頁6b～7a。亦見谷應泰，《明史紀事本末》，卷二，〈平定東南〉，頁23。

〔註13〕 《明史》，卷一二八，〈劉基傳〉，頁3778。

〔註14〕 「（孫炎）在處州，以上命招致劉誠意。劉堅不肯出，以寶劍遺伯融，伯融作詩，以爲劍當獻天子，人臣不敢私，封還之。劉無以答，乃逡巡就見。」見錢謙益，《列朝詩集小傳》，甲集，〈孫丹陽炎〉，頁119。

〔註15〕 劉基，《誠意伯文集》，卷十六，〈丙申歲十月還鄉作七首〉，頁416。

〔註16〕 錢謙益，《列朝詩集小傳》，甲前集，〈席帽山人王逢〉，頁54。

〔註 17〕可知劉基雖然出仕明朝，與王逢之以遺民自居，兩者皆存有深厚的故國之思。亦可想見當劉基接受朱元璋徵辟之時，其內心的煎熬與無奈。

有些士人不接受朱元璋的徵聘，如鄭玉在明兵入徽州後，拒絕鄧愈的招聘，被囚於郡城，不屈自殺。鄭玉被列入《元史》忠義傳，他拒絕鄧愈招聘的原因為：「吾豈事二姓者耶！」〔註 18〕鄭玉曾自述稱：「祖、父皆為縣令，玉獨不願仕。」〔註 19〕並未說明不願仕元的原因，可能他認為能在地方上講經論道、傳授知識，比出仕更有價值。〔註 20〕早在至正十二年時，鄭玉就曾被紅巾賊所擒，端賴同鄉鮑深「以重貲賄賊，解其難」〔註 21〕，可見至正十八年他被鄧愈所拘留，已經不是第一次。從鄭玉的被擒、被囚，可知朱元璋的部下對儒士們的態度並不友善，甚至有「儒衣冠僵仆道左」〔註 22〕的情形，這與朱元璋當時的用人態度有關，他下令「所克城池，得元朝官吏及儒生盡用之，如有逃者處死，不許將官擅用。」〔註 23〕這道命令表面上對儒生展示招攬的姿態，實際上朱元璋每下一城，城內儒生或元朝官吏，大多基於忠節的觀念而不會馬上對新勢力採取依附的行動，而不願效忠朱元璋者，就可能面臨被殺的命運。

鄭玉被「群雄」爭相招聘，可以看出他在地方的影響力。鄭玉「絕意仕進而勤於教，學者門人受業者眾」〔註 24〕，若能將他招至幕下，勢將比軍事的征服更有號召力。因此，群雄「欲脅之降，以從民望」〔註 25〕。從群雄禮賢下士、書幣招聘的頻繁，可以更加肯定士人在地方社會的地位，尤其是在兵荒馬亂的時局中，士人更是地方上的精神支柱。

被後世稱為「永嘉先生」的高明，曾經擔任慶元路推官，卻因「論事不合」〔註 26〕而辭官告歸。高明前曾逃避方國珍的徵辟，避居杭州，以進士出

〔註 17〕參見勞延煊，〈元明之際詩中的評論〉，頁 145～146。
〔註 18〕《元史》，卷一九六，〈鄭玉傳〉，頁 4432。
〔註 19〕鄭玉，《師山遺文》，《景印文淵閣四庫全書》第 282 冊（臺北：臺灣商務印書館，民國七十五年七月，初版），卷一，〈廟嶺磨崖記〉，頁 16。
〔註 20〕參見劉祥光，〈從徽州文人的隱與仕看元末明初的忠節與隱逸〉，〈鄭玉的忠節與隱世〉，頁 40～43。
〔註 21〕《弘治徽州府志》，卷九，頁 54b，〈鮑深傳〉。
〔註 22〕錢謙益，《列朝詩集小傳》，甲前集，〈李翰林祁〉，頁 57。
〔註 23〕劉辰，《國初事蹟》，收入鄧士龍輯，《國朝典故》（北京：北京大學出版社，一九九三年四月），卷四，頁 83。
〔註 24〕《元史》，卷一九六，〈鄭玉傳〉，頁 4432。
〔註 25〕陶宗儀，《輟耕錄》，卷十四，〈忠烈〉，頁 203。
〔註 26〕趙汸，《東山存稿》，《景印文淵閣四庫全書》集部 289（臺北：臺灣商務印書

身的處士名重一時。朱元璋渡江之後徵之，卻「辭以心恙，不就」〔註27〕。
我們可以從當時他的好友趙汸送他的序中得知，高明歸隱鄉里的原因，是元
朝不能懲「膏梁刀筆之弊」、不能「盡取才進士用之」，然則他們仍然認爲若
時局清明，則高明欲「決邇山林，亦將不可得」〔註28〕。高明懷著期待元朝
中興的心態，是故以「心恙」爲理由，婉轉地拒絕了明太祖的招用。

二、朱元璋對江南的措施

　　朱元璋渡江幾與張士誠同時，他們都是從江北進據江南地區，但在江南
地區的政策卻大不相同。朱元璋於至正十六年七月「置江南等處行中書省，
諸將奉太祖爲吳國公」〔註29〕，行使丞相職權，到至正二十六年爲止，始終
與小明王韓林兒、劉福通的宋政權保持臣屬關係。〔註30〕張士誠則不然，至
正十八年，士誠接受元朝太尉的官職，至正二十三年，自立爲吳王，佔領江
南期間與元朝廷保持時通時斷的關係。

　　江南士人不願效命朱元璋陣營，原因是將他視爲任意擄掠的賊寇，而非
保境安民的正義王師。王冕在至正十九年被胡大海請至帳下時，仍然不願依
附〔註31〕：

> 今四海鼎沸，爾不能進安生民，乃肆擄掠，吾寧教汝與吾父兄子弟
>
> 相賊殺乎？汝不能聽我，即速殺我，我不與若更言也。〔註32〕

由此可見，實際上朱元璋的軍隊在攻略江南之時，仍然無法避免擄掠的進軍
方式，地方城鄉居民往往爲了自保而結寨自固，與之對抗。士人或元朝官員，
便很難會去依附這樣一個與自己敵對的陣營。史載朱元璋「每聞諸將得一城

　　　　館，民國七十五年七月，初版），卷二，頁42b，〈送高則誠歸永嘉序〉。
〔註27〕黃溥，《閒中今古錄摘抄》，收入《明刊本紀錄彙編》第十五冊，卷一二九，
　　　　頁8a。
〔註28〕趙汸，《東山存稿》，卷二，頁42b，〈送高則誠歸永嘉序〉。
〔註29〕《明史》，卷一，〈太祖本紀一〉，頁6。
〔註30〕「（至正二十六年）十二月，韓林兒卒。以明年爲吳元年，建廟社宮室，祭告
　　　　山川。」見《明史》，卷一，〈太祖本紀一〉，頁14～15。
〔註31〕《明史》記載王冕：「太祖下婺州，物色得之，置幕府，授諮議參軍，一夕病
　　　　卒。」見《明史》，卷二八五，〈王冕傳〉，頁7311。則王冕已在朱元璋幕下，
　　　　但《新元史》則謂：「明太祖聞其名，召爲參軍，未就而卒。」見《新元史》，
　　　　卷二三八，〈王冕傳〉，頁8b。蓋元明之際史事多有舛失，各家記載出入頗大。
　　　　然王冕受聘之事僅見於〈文苑傳〉；《明史‧太祖本紀》及《鴻猷錄》皆闕。
　　　　本文從《新元史》的看法，冕僅受參軍之名，實未前往。
〔註32〕錢謙益，《列朝詩集小傳》，甲前集，〈王參軍冕〉，頁56。

不妄殺，輒喜不自勝」〔註33〕，可以推知當時朱元璋雖然下令諸將不可妄殺，然而並無實際上的約束作用；部將在外征討，往往以擄掠作為軍隊犒賞之用，無法禁戢。

朱元璋自起兵以來，一直使用韓林兒的龍鳳年號，直到至正二十六年韓林兒被害為止，朱元璋及其部將在名義上都是韓林兒「宋」政權底下的一股勢力。因此，朱元璋在稱帝前呈現在時人面前的面貌，並不像稱揚明朝開國光輝的史書中記載的一直以天下庶民為念。反之，他必須確立反元的立場，以穩固自己在整個宋政權中的地位。不僅在政治上，朱元璋一直扮演與元朝敵對的角色，在治理地方民事上，也務求去除元朝的弊政。他曾說：「昔在民間，時見州縣官吏多不恤民，往往貪財好色，飲酒廢事，凡民疾苦，視之漠然，心實怒之。」〔註34〕元末社會中存在的貧富不均及官吏腐敗現象，都是朱元璋所亟欲改變的。從另一個角度來看，他比較注重平民的生活；朱元璋在攻下集慶之後，對士人階層的任用，也是基於這種考量的，他說：「賢人君子有能相從立功業者，吾皆禮用之。居官者，慎毋暴虐以殃吾民，舊政有不便者，吾為汝除之。」〔註35〕是從為民除害、興革弊政的立場來任用士人，與張士誠的好士以邀譽不同，更與元朝以來對士人的優禮作法不同。

至正二十六年十一月底到翌年九月，長達十個月的時間，朱元璋派徐達領兵圍攻平江。在圍城期間，蘇州城內的富戶都資助張士誠的軍隊，兵敗之際，城內景象十分悲慘：

> 張士誠被困日久，（蘇州）城中食盡。一鼠售錢三百文，革履鞍韉亦煮而充飢，甚危急。士誠乃召集吳民告曰：「事勢如此，吾無策矣，將自縛詣軍門降，以救汝曹，若死守，則城破無　類矣」。民聞，伏地長號，有死守志，不聽遣。嬪御悉自盡，乃詣軍門降，吳民哭聲聞數十里。〔註36〕

蘇州城被圍十月之久，「蓋吳君臣嘗以寬得民，故圍城日久，民不內變。」〔註37〕而人民在張士誠敗降之後「哭聲聞數十里」，可以想見吳中人民對他

〔註33〕《明史》，卷一，〈太祖本紀一〉，頁7。
〔註34〕《明太祖實錄》，卷三九，頁9b，洪武二年二月甲午條。
〔註35〕《明太祖實錄》，卷四，頁1b～2a，丙申春二月辛巳朔條。
〔註36〕黃暐，《蓬窗類記》，收入《中國野史集成》第37冊（成都：巴蜀書社，據涵芬樓秘笈影印，一九九三年），卷一，頁5b，〈國初記〉。
〔註37〕查繼佐，《罪惟錄》，列傳六，頁33a，〈張士誠〉。

的愛戴。當時嘉興流行一首歌謠，唱道「死不怨泰州張，生不謝寶慶楊」〔註
38〕其中泰州張指的是張士誠，寶慶楊指的是楊完者，由於楊完者對地方肆
意抄掠，所以人民對他「雖生不謝」〔註 39〕；而張士誠對吳中的措施，使
得人民對他「死而不怨」，則張氏在當時深得人心之情形可見一斑。反觀吳
中人民對朱元璋的印象，卻有極大的不同，明朝徐禎卿（1479～1511，吳縣
人）曾記載：

> 太祖嘗微行京城中，聞一老嫗密呼上爲老頭兒。帝大怒，至徐少傅
> 家，繞室而行，沉吟不已。時太傅他往，夫人震駭，恐有他虞，惶
> 恐再拜曰：「得非妾夫徐達負罪於陛下耶？」太祖曰：「非也，嫂勿
> 以爲念。」亟傳令召五城兵馬司令摠諸軍至，曰：「張士誠小竊江東，
> 吳民至今呼爲張王。今朕爲天子，此邦居民呼朕爲老頭兒，何也？」
> 即命籍沒民家甚眾。〔註40〕

此處所指之京城是指南京城，因張士誠失敗後，蘇州、杭州、嘉興、松
江等地的官吏家屬和外郡流寓之民共二十餘萬人，都在蘇州城被攻陷後被解
送至南京。可見朱元璋在討平江南之後的作爲，使江南居民更加對他沒有好
感。一來因爲張士誠治理江南用法較寬，維持了吳中約十年的太平歲月，而
全國各地都因戰火而景況淒涼，「自罹喪亂新復業，千家今有一家存」〔註41〕。
與此相反，張士誠治理的吳中地區，則因「承平久，戶口殷盛」〔註 42〕，仍
然延續元代江南盛世的景象。再則，朱元璋在獲勝之後，遷徙二十餘萬人至
南京，使江南人民飽受流離失散之苦。被徙至南京的吳中人民以怨憤的口氣
直稱當今皇帝爲「老頭兒」，而更加懷念張士誠治下的太平日子。

明初對吳中地區的政策迥異於前，常以各種理由遷移江南地區人民到江
北地曠人稀之處，《明史》稱：

〔註38〕 姚桐壽，《樂郊私語》，收入《中國野史集成》第 22 冊（成都：巴蜀書社，一
九九三年），頁 9a。

〔註39〕 楊完者事蹟，史載：「完者兇肆，掠人貨錢。至貴家，命婦室女見之，則必圍
宅勒取，淫污信宿始得縱還。少與相拒，則指以通賊，縱兵屠害。由是部曲
驕橫，凡屯壁之所，家戶無得免焉。」出處同前註。

〔註40〕 徐禎卿（1479～1511），《翦勝野聞》，收入《中國野史集成》第 22 冊（成都：
巴蜀書社，一九九三年），頁 11a～b。

〔註41〕 孫蕡，《西庵集》，《景印文淵閣四庫全書》，第 309 冊（臺北：臺灣商務印書
館，民國七十五年七月，初版），卷三，頁 7a，〈平原行〉。

〔註42〕 《明史》，卷一二三，〈張士誠傳〉，頁 3694。

> 明初，嘗徙蘇、松、嘉、湖、杭民之無田者四千餘戶，往耕臨濠，
> 給牛、種、車、糧，以資遣之，三年不征其稅。……復徙江南民十
> 四萬於鳳陽。〔註43〕

江南人民除了要忍受長途跋涉及離鄉背井之苦，到陌生荒涼的曠土開墾田業外，還要拋棄江南家鄉的產業與親人，且不准任意返回家鄉，否則會遭受嚴厲的處罰。遷徙江南富民的行動，在平定張士誠之後並未停止，洪武七年，遷移了十四萬富民前往濠州定居及開墾荒田，是明初遷徙富民規模最大的一次。〔註44〕可見遷徙人民是洪武朝的一貫政策，其中又以遷徙具有地方影響力的富民為主要執行對象。強迫遷徙的對象除了富戶之外，也遷徙無田產的小民，朱元璋的理由是：「蘇、松、嘉、湖、杭五郡，地狹民眾，細民無田以耕，往往逐利而食不給。臨濠，朕故鄉也，田多未闢，土有遺利。」〔註45〕徐泓在〈明洪武年間的人口移徙〉一文中則指出，明初人口大規模的移徙政策，不單單是為了開墾荒地，其背後實有更深的政治動機存在，蓋移徙「可收分而治之，消除反側之效」，以瓦解元末群雄，尤其是江南地區張士誠殘存的巨大勢力。〔註46〕明太祖強迫遷移江南富戶、無田小民，將富室田地籍沒為官田的措施，有助於偏遠地區的墾闢，拉近區域間貧富不均的距離，使社會秩序得到穩定。〔註47〕但對被迫遷移的對象而言，明太祖的措施帶有強烈的主觀意識與報復色彩，意圖削弱吳中地區的政治勢力與經濟影響力，卻對江南人民的生活造成莫大的打擊。

明初對吳中地區的賦稅，也採取了比元朝更為嚴厲的措施，使江南人民的經濟負擔加重。相較於元朝及張士誠統治期間的寬和統治，江南人民的生活並未因漢族王朝的來臨而較前寬裕。關於元明之際江南田賦輕重的變化，明人葉盛曾指出：

> 耶律楚材定天下田稅，上田畝三升，中田二升五合，下田二升，水
> 田五升。我朝天下田租畝三升、五升、三合、五合，蘇松後因籍沒，

〔註43〕《明史》，卷七七，〈食貨志一〉，頁1879。

〔註44〕「四年以疾致仕，賜臨濠地若干頃，置守塚戶百五十，給佃戶千五百家，儀仗士二十家。踰年，病愈，命董建臨濠宮殿。徙江南富民十四萬田濠州，以善長經理之，留濠者數年。」見《明史》，卷一二七，〈李善長傳〉，頁3771。

〔註45〕《明太祖實錄》，卷五三，頁11a，洪武三年六月辛巳條。

〔註46〕參見徐泓，〈明洪武年間的人口移徙〉，頁236～237。

〔註47〕參見林金樹，〈簡論明皇朝保護江南重賦區的若干重要措施〉，《明史研究》，第三輯，一九九三年七月，頁1～3。

> 依私租額起稅，有四五斗、七八斗至一石者。蘇在元，糧三十六萬，
>
> 張氏百萬，今二百七十餘萬矣。〔註48〕

蘇松地區歷經元朝、張士誠、朱元璋等三個不同時期的政權統治，就田賦負擔輕重而論，明初江南的田糧稅額是張士誠時代的 2.7 倍，是元朝時的 8 倍。且蘇松地區的民田，多被籍沒入官田，人民不僅失去世傳的田土，還要負擔比以往更爲苛重的田賦。是故新朝的建立，不僅沒有改善人民的經濟生活，反而加重了他們的負擔。

而江南地區未被遷徙的人民，飽受親人別離之苦與戰敗後之慘狀，對朱元璋及明政權懷亦無好感，高啓描寫戰後蘇州城的景象：

> 俯仰興亡異，青山落照中；民歸鄰樹在，兵去壘煙空。
>
> 城角猶悲奏，江帆始遠通；昔年荊棘露，又滿闔閭宮。〔註49〕

詩中流露的盡是對吳王張士誠政權興亡的感慨，與兵燹之餘滿目瘡痍的哀憐，對朱元璋的得勝，絲毫沒有歡欣之情。張士誠治下的吳中人民僅知道號稱吳王的張士誠是蘇州一帶的守護者；他們眼中的朱元璋，則是出身於紅巾軍系，長期與吳中人士作對的頑強勢力。從當時的角度來理解江南人民對朱元璋的心態，可見不僅吳民稱朱元璋爲「老頭兒」，連江南士人對朱元璋也不懷任何好感。

明太祖稱帝後對士人的態度轉爲嚴厲，因爲此時局勢已大爲不同，在君臨天下的情勢下，他一方面要極力延攬山林隱逸以爲己用，〔註50〕另一方面則用嚴厲的手段打擊士人，以消除反側勢力。開國之後，朱元璋對曾經當過張士誠幕僚的士人施以「例徙濠梁」或「安置南京」等懲處，如《明史‧文苑傳》中的楊基、徐賁、余堯臣、顧德輝、唐肅等人。其餘未見於史冊之中而在蘇州城破後被遷徙至南京的二十餘萬人中的士人，想必大有人在。流徙之人，大多「凍餒疾疫不可勝數」〔註51〕，處境堪憐，可惜這些戰敗的「敵國之民」，史籍很少記載，他們的行跡只能經由士人的詩文不經意的表露出來，以免觸犯當朝的禁忌。如高啓一首爲其兄高咨送行的詩中，即透露了吳民被強迫遷徙時悲慘的景象：

〔註48〕 葉盛，《水東日記摘抄》，收入《明刊本紀錄彙編》第十六冊，頁 1b～2a。

〔註49〕 高啓，《高青邱詩集》，卷十二，〈兵後出郭〉，頁 430。

〔註50〕 「懷才抱德之士隱於巖穴者，有司詢訪，具實來奏，即遣人禮聘赴京。」、「老病不願仕者，聽」見《明太祖實錄》，卷三十四，頁 9a，洪武元年八月己卯條。

〔註51〕 謝肅，《密庵集》，卷六，頁 4a，〈送周仲南序〉。

落日萬人哭，征行出闔閭；道路亦悲哀，而況骨肉親。

我生鮮兄弟，提挈惟二人；何辭一室歡，去作萬里身。

北風吹衣寒，方舟涉河津；出處有常役，欲從愿無因。

豈不知當遠，憂思自難伸；惟期善保愛，馳緘慰悃勤。〔註52〕

從張士誠出降時「哭聲聞數十里」到移徙時的「落日萬人哭」，可以想見張氏政權消亡帶給吳民的震撼與悲哀。在朱元璋稱帝之路上，他必須打敗張士誠，也必須分散在吳中的勢力，也因此，他不得不面對江南士民對他的冷淡及疏遠。

三、江南士人的出處抉擇

明祖開國以後，求才若渴，積極徵辟人才，登進之路大開，楊維禎曾指出：

> 皇明龍興之一年，天子思與天下之賢人共圖天下之治事，於是遣南北訪賢使凡若干人。而浙士之拔等者曰陳睿、錢某、趙某，人以治才與學術兼屬之，使者採諸輿論，內幣起之。三人者，受不辭。會府令與計偕爲浙士舉，首其行也，來別東維先生，請一言爲贄教。先生酌之酒而告之曰：「代以試經藝舉於鄉者至三四千人，會於春官第其可取者，然後上名於天子，天子賜出身，吏部授之官，不能二百人，其爲選也艱矣。士有窮經老死而不得與於選者，吏部或以旁恩及之，其爲情者亦苦矣。今三人名一聞於使者，不必試於鄉，與乎四三千之數登於春官，與乎二百之數，可謂步之驟而其選不艱也，得之易而其情不苦也。」〔註53〕

從楊維禎以上分析可知，相較於科舉取士之競爭激烈，明初廣徵人才不必經過艱苦的科舉考試，即可受官任職置身宦列，對士人來說，不啻爲一大佳音。即使相較於元末，明初徵辟人才對欲登仕途的士人而言，也算是廣開入仕之門，楊維禎曾載至正七年，江浙鄉試取才競爭之激烈情形，謂「江浙鄉試以詩經充赴有司者凡七百人，中式者僅十人而已。」〔註54〕鄉試競爭之激烈，

〔註52〕高啓，《青邱遺詩》，收入高啓撰、金檀輯注，《高青邱詩集》，〈送伯兄西行〉，頁2。

〔註53〕楊維禎，《東維子集》，卷一，頁9b，〈送陳錢趙三賢良赴京序〉。

〔註54〕同前書，卷八，頁1b，〈送鄒生奕會試京師序〉。

由此可見一斑。因此，楊維禎在考慮拒絕明太祖的徵辟之時，其實未嘗不明白在上位者訪求賢才的苦心，而受召修史的高啓、王彝等人，在朝廷以修史隆重的方式徵召他們時，雖然志不在出仕，但面對明太祖的盛情相邀，心中不免亦有所掙扎。

　　另一方面，朱元璋的專制作風與嚴密的監控手法，又使士人以仕宦爲畏途，不敢貿然出仕。元末儒生錢宰，明初被徵至京師與其他儒生一同修纂《尚書》、刪節《孟子》時，面臨了出與處的抉擇，葉盛記其事稱：

> 公退，微吟曰：「四鼓鼕鼕起著衣，午門朝見尚嫌遲，何時得遂田園樂，睡到人間飯熟時。」察者以聞，明日文華燕畢，進諸儒而諭之曰：「昨日好詩，然朕嘗嫌汝何不用憂字？」宰等悚愧謝罪，未幾，皆遣還。〔註55〕

這種以退居田園爲志的風氣，除了承襲元末以來不仕的傳統之外，朱元璋的政治舉措也是促成明初士人心中不安的因素。如錢宰在朱元璋要刪節《孟子》時，有感於當今聖上所要達到的政治境界，已經脫離了儒家先聖先賢所期盼的理想，〔註56〕對現實政治感到無能爲力，遂油然興起回歸田園的念頭。而明祖對臣下嚴密的監控。「伴君如伴虎」的戒愼恐懼，更令士人裹足不前。明初高壓統治下的臣僚，對政治性話題都不敢碰觸，以免遭受密告而招來無妄之災。即使是早年與朱元璋一同打天下的宋濂，也不敢在家中隨意論議朝政，史稱「宋濂家居，置溫樹二字於居第，人問及朝中事者，輒指示，終無一言。」〔註57〕

　　明初朝廷中的嚴肅氣氛，使士子視入京爲畏途。尤其是在張士誠治理下的吳中士人，因爲曾與張士誠有過接觸，特別擔心新朝對自己的處置。高啓的〈赴京道中逢還鄉友〉詩中，深刻簡潔地表露出這種志忐的心情：

> 我去君卻歸，相逢立途次；欲寄故鄉言，先詢上京事。〔註58〕

〔註55〕葉盛，《水東日記摘抄》，頁2b～3a。

〔註56〕「《孟子節文》所收錄的文字幾乎都只是和個人修養、人倫、性善、教育等方面有關，而沒有直接涉及政治問題。若涉及政治問題，《孟子節文》也有意要提昇君主的權威，而降低臣子的地位。」見朱榮貴，〈從劉三吾《孟子節文》論君權的限制與知識份子之自主性〉，《中國文哲研究集刊》，第六期，民國八十四年三月，頁11。

〔註57〕呂毖，《明朝小史》（臺北：中央圖書館出版，民國八十年），卷一，頁59b，〈溫樹〉。

〔註58〕高啓，《高青邱詩集》，卷十六，〈赴京道中逢還鄉友〉，頁630。

高啓此時因修《元史》被召，卻是懷著不安的心情入京的。洪武二年二月，太祖下詔修《元史》，以李善長爲監修官，宋濂、王禕爲總裁官，徵山林遺逸之士汪克寬、胡翰、宋僖、陶凱、陳基、曾魯、高啓、趙汸、張文海、徐尊生、黃箎、傅恕、王錡、傅著、謝徽、趙壎等十六人爲纂修官，開局天界寺。是年八月史成，眾儒皆賜齎遣歸。〔註59〕

　　從《明史》記載可知，洪武二年，因順帝一朝尚未修成，故於第二年重開史局，再徵山林遺逸之士爲纂修官繼續修史，第二年參與修史的十四人中，大多得授官職，僅三人例外。〔註60〕明太祖於建國不久，元朝的勢力尚未消除，明兵與元軍在北方仍處於僵持的局面，外有倭寇侵擾山東濱海郡縣，〔註61〕內則亟待休養安頓。急於在此時詔修《元史》，實際上是藉機招徠那些山林隱逸之士，使之爲新政權服務。〔註62〕

　　洪武二年的修史，從《明史》記載中看不出任何明太祖欲藉機延攬人才的舉動，我們只看到「史成」，然後諸儒皆賞賜金帛「遣還」。從這樣的行文來看，很可能會認爲只是一次單純的修史行動，其實從其他的記載可以知道在修史將近尾聲時，明太祖即賜官與修史諸人，如高啓與謝徽兩人：

> 三年七月廿八日，與史官謝徽俱對。上御闕樓，時已薄暮，擢戶部
> 侍郎，徽吏部郎中。自陳年少不習國計，且孤遠不敢驟膺重任。徽
> 亦固辭。並賜內帑白金放還。〔註63〕

兩人同時辭歸，明白表達了他們不願做官，則他們所說的「年少不習國計」、「孤遠不敢驟膺重任」，其實都是推託之詞。從高啓羈留京師時所作詩文，可以看出他不願出仕、只盼早日返回故園的意願，他在〈自天界寺移寓鍾山里〉詩中有「誰言新舍好，畢竟未如歸」〔註64〕的句子，在〈夜坐天界西軒〉中有「清境雖堪悅，終嗟非故園」〔註65〕。皆強調雖然明太祖提供他們優渥的待遇，但他們還是想念江南的故居與生活。

〔註59〕參見《明史》，卷二三五，〈趙壎傳〉，頁7318。
〔註60〕同前註，頁7318。
〔註61〕《明史》，卷二，〈太祖本紀二〉，頁22。
〔註62〕「修《元史》時，本來正是天下初平、百端待理的時候，那裡有太多的餘暇去爲勝朝修史。可見修《元史》是爲了士人的人心背向問題。」見羅炳綿，〈明太祖的文字統治術〉，《中國學人》，第三期，民國六十年六月，頁45。
〔註63〕錢謙益，《列朝詩集小傳》，甲集，〈高太史啓〉，頁114。
〔註64〕高啓，《高青邱詩集》，卷十二，頁434。
〔註65〕高啓，《高青邱詩集》，卷七，頁250。

從《明史‧文苑傳》記載明初修史的經過，可知第二年被詔入京師修史的諸士，大多接受明太祖賞賜的官職，而第一年即參與修史者皆「賜幣遣歸」，可見諸士皆面臨仕與隱的抉擇問題。另如胡翰，亦是面臨與高啓、謝徽等人相同的出處問題：

> 會修《元史》，復薦入史館。史成，賜金帛遣歸。或謂先生未展其所學，而先生澹如也。〔註66〕

則胡翰也是以澹泊不仕的態度面對明太祖的招賢行動。

另如婺源人趙汸，參與洪武二年的修史：

> 明初屢徵不起，僅一出修《元史》，事畢即辭歸。〔註67〕

雖然明太祖的賜官行動是分批進行的，但是第一次修史的其餘諸人皆採取不仕的態度。明初這種不合作的緊張氣氛，使上下睽隔的情形更加嚴重。

早在至正二十四年，朱元璋初登吳王寶座之時，深感治國人才極度缺乏，「命中書省辟文武人材」〔註68〕時，就已經感慨士人多隱匿不出，不得不下令郡縣直接選用民間年輕俊才備用：

> 甲辰三月敕中書省曰：「今土宇日廣，文武並用。卓犖奇偉之才，世豈無之。或隱於山林，或藏於士伍，非在上者開導引拔之，無以自見。自今有能上書陳言、敷宣治道、武略出眾者，參軍及都督府具以名聞。或不能文章而識見可取，許詣闕面陳其事。郡縣官年五十以上者，雖練達政事，而精力既衰，宜令有司選民間俊秀年二十五以上、資性明敏、有學識才幹者辟赴中書，與年老者參用之。十年以後，老者休致，而少者已熟於事。如此則人才不乏，而官使得人。其下有司，宣布此意。」〔註69〕

則元末時人材多隱於山林之間，朱元璋希望藉由郡縣官吏的「開導引拔」，使他們能夠為己所用。這種隱逸不出的風氣一直持續到明初，明太祖下令郡縣薦舉人材，然而士人大多「屢薦不起」，太祖遂以召修《元史》為提拔人材的手段，卻面臨士人修史完紛紛引去的困窘。

從《明史》記載纂修《元史》的過程中，我們會很自然地認為第二批參

〔註66〕 胡翰，《胡仲子集》，《景印文淵閣四庫全書》集部304（臺北：臺灣商務印書館，民國七十五年七月，初版），頁2b，宋濂，〈胡仲子文集原序〉。

〔註67〕 趙汸，《東山存稿》，頁1b，〈四庫全書提要〉。

〔註68〕 《明史》，卷一，〈太祖本紀一〉，頁12。

〔註69〕 《明史》，卷七一，〈選舉志三〉，頁1711。

與修史者，在史事竣畢後大多接受明太祖的賜官。其實不然，《明史‧貝瓊傳》載：

> 貝瓊，字廷琚，崇德人。性坦率，篤志好學，年四十八，始領鄉薦。
> 張士誠屢辟不就。洪武初，聘修元史。既成，受賜歸。六年以儒士
> 舉，除國子助教。〔註70〕

可見貝瓊是到洪武六年才接受明朝官職，當時諸生受職者不多，皆力求歸隱。面對士人紛紛求去的局面，明太祖遂以嚴厲的手段對待亟於求歸的士人，如《明史》載王佐之事曰：

> 洪武六年被薦，徵為給事中。太祖賜宋濂黃馬，復為歌，命侍臣屬
> 和，佐立成。性不樂樞要，將告歸。時告者多獲重譴，或尼之曰：「君
> 少忍，獨不虞性命邪？」佐乃遲徊二年，卒乞骸歸。〔註71〕

拒絕接受官職，或是已經接受官職而欲棄官而去者，在明初甚至可能會有性命之憂。洪武十九年頒佈的《大誥三編》的〈蘇州人材〉規定：

> 「率土之濱，莫非王臣」，成說其來遠矣。寰中士夫不為君用，是外
> 其教者，誅其身而沒其家，不為之過。〔註72〕

由此觀之，明太祖對那些堅持不仕者確已到了深惡痛絕的地步。相對地，明太祖以修史為手段欲網羅山野遺逸，可謂用心良苦，亦可視為在這個以不仕為高的時代氛圍下，一個權宜性的求才方式。

　　被召修史乃一代之大事，參與其事者往往流名千古，且責任重大，關乎世道人心者甚鉅，主其事者往往不敢等閒視之。元末至正初年召修遼、金、宋三史，由中書右丞相脫脫為總裁，主張三史各與正統，各系其年號，與在野學者意見多有不同，楊維禎作〈正統辯〉，主張元之正統應紹承宋統，與朝廷修史的意見不合：

> 楊廉夫〈正統辯〉，誠亦萬世公論。解學士縉紳所作〈元鄉貢進士周
> 君墓表〉，其言曰：「宋承中華之統三百餘年，致治幾於三代，不幸
> 遼金二虜孽牙其間，至元氏遂以夷狄入而代之。誠有天地以來非常
> 之變，然一統者亦幾百年，有不得而廢之者，……以布衣慨然爭之，

〔註70〕《明史》，卷一三七，〈貝瓊傳〉，頁3954。
〔註71〕《明史》，卷二八五，〈王佐傳〉，頁7332。
〔註72〕朱元璋，《大誥三編》，收入吳相湘主編，《明朝開國文獻》（一）（臺北：臺灣
　　　　學生書局，影印國立北平圖書館原藏本，民國五十五年三月，初版），頁47a
　　　　～b，〈蘇州人材第十三〉。

> 不合徑去者，吾家季大父伯中與里人周公以立也。蓋當是時得入史
> 館以為至幸，一俛首聽事，即富貴可指日得，而二公不屑也，其視
> 區區之富貴為何如哉？」〔註73〕

楊維禎不得預修《元史》，是故作〈正統辯〉以鼓倡自己的意見，當時修史的總裁官歐陽玄對楊維禎的議論大加讚賞，認為：「百年後，公論定於此矣」〔註74〕。引文中提到的解伯中與周以立兩人亦認為元朝應繼承宋朝為正統，與主其事者的意見不合，是故毅然引去，視功名富貴如區區之物。

　　元末修史之事實可以與明初修史作一對照，元末解伯中與周以立概然引去的原因是對修史的觀念不合，而明初修史後引去者則是志不在入仕。他們相同之處是對富貴名利的淡泊，面對修史後之官爵賞賜不為所動。然而大部份的明初修史者，在短時間內修成《元史》後，不願接受明太祖的賜官，寧可返回山林優游度過餘生。

　　明初，士人隱逸求退之風盛行，造成與在上位者之間關係的緊張。即使已經拒絕太祖授官的高啟，在返回家鄉之後還心有餘悸，時常懷著不安的心情，從他的〈睡覺〉一詩，可側面看出當時士人與太祖間相睽隔的情形：

> 爐薰靄露潤，秋滿床屏裡；曙色透窗來，幽人眠未起。
>
> 風驚露樹怯，日出煙禽喜；卻憶候東華，朝衣寒似水。〔註75〕

辭官回歸鄉里的高啟，仍會想起在東華門外等候太祖召見的緊張心情，歸隱的他，此時應該仍在睡夢中，卻沒來由地被不安的景象所驚醒，在他的隱居生活中徒增幾分緊張的氣氛。

　　在這個在上位者無法與士大夫共治天下的時代中，著名的隱逸士人多被要求出仕，然而改變心意者卻是少數。在太祖的猜疑及憤怒之下，許多隱士常被藉機除去，如高啟、王彝曾為蘇州知府魏觀作應酬性的上梁文，後來都被牽連致死。

　　先是，洪武七年，蘇州知府魏觀認為舊的府衙狹隘低下，不適合作為蘇州府治所在，遂遷回元末舊府治所在地。但因張士誠據吳時，曾以蘇州府治為宮殿，有人遂密告，魏觀將蘇州府治改建於張士誠的宮殿之上，是興既滅

〔註73〕葉盛，《水東日記摘抄》，收入《明刊本紀錄彙編》第十六冊，卷一四一，頁23b～24a。
〔註74〕《明史》，卷二八五，〈楊維禎傳〉，頁7308。
〔註75〕高啟，《高青邱詩集》，卷七，〈睡覺〉，頁265。

之基，懷有二心，魏觀因而被處死。稍後，明太祖悔之，令禮葬魏觀。〔註76〕
宋濂與魏觀的私交甚篤，嘗稱觀為「孝敬之人」、「學問富而德行脩」〔註77〕。
從明太祖事後反悔對魏觀的處置，可見魏觀案實由明太祖的疑心所致。是故
士人懷抱求去之心，其實從另一種角度來看，是對自己生命的一項挑戰，也
是士人在面臨仕與隱抉擇時必須慎重考慮的一點。所以，高啟在遇到從京師
返鄉的友人時，最急於知道的是明太祖對待不仕者的態度。

第二節　明初江南隱逸的幾種類型

一、元、張皆仕者

　　這一類的隱逸，曾在元末投身於元朝官僚體系之中，而在張士誠入主吳
中之後，又繼續擔任張吳政權的幕僚之職。張士誠於至正十七年八月降元，
接收了大部份元朝在江南原有的官吏，以擴充自己的吏治人才。如曾任元朝
江東肅政廉訪使的周伯琦，奉命招降張士誠，卻在張士誠降元之後，被任命
為同知太常禮儀院事，又拜為江浙行省右丞。〔註78〕又如陳基，曾任元順帝
的經筵檢討，然因進諫順帝及其后過失而獲罪，引退歸鄉，後來作了張士誠
的軍事參謀。〔註79〕

　　明初，元臣之仕張者多遭太祖殺戮，僅周伯琦與陳基以身免。〔註80〕二
人雖先後仕於元朝、張氏兩政權，但卻代表不同的兩種類型，史載周伯琦：

> 張賢以賓禮待之，為建第宅於干將坊乘魚橋北，號老相公衙。厚
> 其廩餼，以衿式國中，留吳十年，日與諸文士觴詠。吳平，歸鄱
> 陽，尋卒。史論謂伯琦遭時多難，善於自保，而致身之義闕焉。
>
> 〔註81〕

可見周伯琦善於自保，較不重出處進退之大義。張士誠以優禮元朝重臣的方
式招徠士心，周伯琦被留置吳中，接受張士誠的禮遇與厚贈，無形中增長了

〔註76〕「太祖卒悔之，命所在致祭，哀贈有加。」見唐樞，《國琛集》，收入周駿富
　　　　輯，《明代傳記叢刊》第28冊（臺北：明文書局，民國八十年），上卷，頁10a。
〔註77〕宋濂，《宋學士文集》，卷九，〈碧崖亭辭〉，頁179。
〔註78〕冊義雄輯，《隆平紀事》，頁18b。
〔註79〕參見《明史》，卷二八五，〈陳基傳〉，頁7318～7319。
〔註80〕清・顧嗣立編，《元詩選》，〈周左丞伯琦〉，頁1857。
〔註81〕冊義雄輯，《隆平紀事》，頁58b。

張士誠在吳中的號召力。

陳基則不然。張士誠欲稱王，陳基曾諫止，致張士誠怒而欲殺之。而當朱元璋與張士誠兩雄對峙之時，陳基亦曾爲文指斥朱元璋。入明之後，陳基被召修《元史》，不受官而歸，表現了堅決不仕二朝的態度。

陳基曾參與顧瑛玉山草堂的盛會，顧瑛編纂的《草堂雅集》收錄了當時曾經在玉山草堂唱和諸文士的詩文。全書共收七十人，陳基列於卷首，可見其在吳中受推崇的程度。同樣地，周伯琦在吳中也是「日與諸文士觴詠」。可見，士人交遊的對象不限官職，更不以出仕或不出仕爲士人團體的界限，因此在以不仕爲主的《草堂雅集》中見到陳基、周伯琦、危素等人交相酬唱之作是不足爲奇的。

元末繼續仕於張士誠政權的元朝大吏，通常早已奠定了一定的知名度。在進入張氏統治的時期，又適逢文士畢集的盛況，這些具有元朝官吏身份的士人，具有較大的號召力及權勢。所以此時以他們爲中心，召集眾文士爲賓客，日以詩文酬唱爲事。周伯琦被後世譏爲流連忘返，就是他能夠以自身的權勢、地位，成爲當時文士宴遊的重心，在這種太平宴安的局面下，當然令他樂不思蜀了。

高啓曾作有〈哭臨川公〉，詩云：

> 身用已時危，衰殘況病欺；竟成黃犬歎，莫遂白鷗期。
>
> 東閣圖書散，西園草露垂；無因奠江上，應負十年知。〔註82〕

詩中的臨川公是指饒介，當時在吳中甚受禮遇，「自太尉以下皆稱臨川公而不名」〔註83〕。饒介也是一個仕於元、張兩政權的士人，曾任元朝的江浙廉訪使，後來被張士誠強起爲淮南行省參政兼署諮議參軍，在吳亡之後爲明太祖所殺，是張士誠政權覆敗後仕張元臣被殺者之一。饒介在當時，「多羅致四方名士爲幕客」〔註84〕，不仕於張士誠的高啓也常出入臨川公的宴會之中，在這首祭弔饒介的詩中，感嘆在時移境遷之後，當時宴遊之所已經日漸荒蕪，舊日詩文鼎盛、文學發達的盛況不再。詩中將饒介之受死比擬爲秦末李斯，透露出高啓對處死饒介的明太祖內心潛藏的不滿。

元臣仕張者在明初多被屠戮，因此在入明之後往往隱姓埋名深自隱晦，

〔註82〕高啓，《高青邱詩集》，卷十二，〈哭臨川公〉，頁429。
〔註83〕張昶，《吳中人物志》，卷七，頁16b，〈高啓〉。
〔註84〕冊義雄輯，《隆平紀事》，頁60a。

如戴良，他曾仕元爲江浙行省儒學提舉，後來避地吳中投靠張士誠，卻於天下一統之後變姓名隱居於四明山中。後來終被明太祖「物色得之」，洪武十五年被召入京，「欲官之，以老疾固辭，忤旨。明年四月暴卒，蓋自裁也。」〔註85〕溫州人陳秀民，至正中爲常熟州知州，張士誠禮致爲參軍，歷任江浙行中書省參知政事、翰林學士，入明後不知所終。〔註86〕很明顯地，這些曾經投靠張士誠或擔任張士誠官職的元朝官吏，在明初的處境都不佳，可見明太祖非常厭惡這些投靠張士誠的元朝故吏，〔註87〕僅有少數人如陳基與周伯琦等得到善終。

二、仕元而不仕張者

　　吳中的元朝官吏在張士誠進入平江之後，面臨了仕與不仕的問題，甚至原本曾經擔任元朝官吏而因戰亂避居吳中的士人，面對新建政權，也要考慮相同的問題。部份曾經擔任元朝官職的士人，拒絕張士誠的延攬，以不仕的身份居住在經濟富庶的江南地區。

　　張士誠起兵之後，就有不少元朝官吏因守禦城池而喪生。張士誠入主平江之後，亟欲延攬元官收爲己用，以壯大自己的聲勢，但是卻面臨許多挫折。楊維楨是當時不仕張士誠者之中最著名的士人，明祖於洪武二年（1369）派詹同齎書幣詣門造訪之時，楊維楨即知這是朝廷欲招聘任官的先聲，遂堅決不赴京修纂禮書。第二年，使者再度詣門，維楨遂明白表示自己只是赴京修纂禮書，不能勉強他出來爲官。在明太祖答應他的請求後，他才得以「白衣宣至白衣還」〔註88〕，維持僅仕於元朝的身份。與楊維楨相交甚篤的陸居仁、錢惟善，在張士誠據吳之後亦不仕於張，一生只仕於元，死後三人合葬於干山，人稱「三高士墓」。陸居仁曾任副提舉、錢惟善曾任教授，與楊維楨一樣皆有仕元的出身背景。〔註89〕

　　楊維楨拒絕張氏的招攬，仍能優遊於山水之間，過著詩文自娛的生活；有些人拒絕張氏的任官，卻難免性命不保。如李棠卿，他仕元爲無錫州倉使，

〔註85〕　《明史》，卷二八五，〈戴良傳〉，頁7312。
〔註86〕　冊義雄，前揭書，頁62b。
〔註87〕　「太祖取其臣黃、蔡、葉三人者，刲其腸而懸之，至成枯臘。蓋三人皆元戚機臣，其殘膏積侈，敗國喪家，帝特惡之。」見徐禎卿，《翦勝野聞》，頁13a。
〔註88〕　《明史》，卷二八五，〈楊維楨傳〉，頁7309。
〔註89〕　《明史》，卷二八五，〈陸居仁傳〉，頁7309。

張士誠進城後，他在倉促之間抱印遁去，後爲張士誠所執，死於獄中。〔註90〕曹州人孫撝，爲至正二年進士，被張士誠拘捕並徙至吳中，因圖謀恢復高郵，秘密洩漏被殺。〔註91〕有的元朝官吏則在張士誠入據之後，因不願出仕而自殺身亡，如楊乘，他原爲江浙行省員外郎，因免官暫居於松江青龍鎮，張氏欲強官之，他寫遺書留言曰：「死生晝夜之理，且以得全晚節爲快」〔註92〕，即自經而死。

　　此外，有些不仕張士誠的元臣，性命得以保全，且經歷明初朱元璋的統治，如前述的陸居仁，卒於洪武十年；楊維禎卒於洪武三年。張昱，曾任元朝左右司員外郎、行樞密院判官，元末棄官不仕，張士誠累招不屈。明初，太祖召見時，年歲已高。〔註93〕另如陳世昌，更是抱定不仕的理想歷經蒙元、張吳、朱明三個不同的政權，只不過在至正年間屢受薦舉，不得已而入仕，《兩浙名賢錄》載其事曰：

> 元至正初，以布衣召入翰林，母老力辭，不許，詔有司勸駕，不得已就官。未幾乞外，遂奉敕代伺海上，值道梗，寓居嘉興，授徒養母。張士誠據平江，履致不屈。洪武初，徵修禮書，授太常博士，尋以母老甚，疏請終養，得旨歸。無何而母終，復下詔徵之，力辭不起。〔註94〕

陳世昌不樂仕進應爲他的人生抱負，否則不必以授徒爲奉養母親的經濟來源，出仕爲官即可維持生活的安穩，且在母親去世之後，亦不願接受徵召，可見終養老母只是他不願出仕的原因之一。

　　與仕張元臣不同的是，這些不仕於張士誠的元臣在明初頗受太祖的禮遇，與仕張元臣的境遇大相逕庭。正統元年楊士奇爲張昱的《可閒老人集》寫序，描述明太祖對張昱的禮遇，提到明初對待元臣的態度：

> 我太祖皇帝混一天下，訪求前元故臣之賢者，常被徵至京，深見溫接。已而，憫其老曰：「可閒矣」，厚賜遣歸。〔註95〕

〔註90〕冊義雄輯，《隆平紀事》，頁56b～57a。
〔註91〕吳寬，《平吳錄》，頁5b。
〔註92〕陶宗儀，《輟耕錄》，卷十四，〈忠烈〉，頁206。
〔註93〕張昱，《可閒老人集》，《景印文淵閣四庫全書》集部292（臺北：臺灣商務印書館，民國七十五年七月，初版），頁1a～b，〈四庫全書提要〉。
〔註94〕徐象梅，《兩浙名賢傳》，卷四一，頁43b，〈陳世昌傳〉。
〔註95〕張昱，《可閒老人集》，頁1b，楊士奇，〈可閒老人集原序〉。

文中所指的「前元故臣之賢者」，很明顯地是指那些在元末群雄並起之時，並未加入朱元璋敵對勢力的元臣。可見明初對元朝遺臣的態度實有極大的差異，一方面極力訪求有氣節的元臣，另一方面對曾與朱元璋作對的元臣則加以打擊。若不是因爲張昱在明初召見時年歲已高，太祖必然不會讓他輕易「可閒」，則明太祖禮遇前元故臣，實則爲了讓他們能夠再出來爲明朝所用。

同樣爲不仕張的元臣，秦裕伯的遭遇卻與張昱不同。裕伯爲大名人，仕元累官至福建行省郎中，後來棄官客居揚州，復又因戰亂避地上海。張士誠遣使招之，他拒不接受。吳元年及洪武元年，明太祖兩度遣使招之，秦裕伯亦一一回絕，明太祖堅決要他出來任官，寫了一份手諭給他，說：

> 海濱民好鬥，裕伯智謀之士而居此地，堅守不起，恐有後悔。〔註96〕

太祖手諭中所稱的「海濱之民」，其實暗指元末依附張士誠的元朝官吏及士人，顯見爲了招聘秦裕伯，已經出言恫嚇了。一些不屈服在張吳勢力下的元朝官吏及士人，在張士誠統治江南的十年期間，由於張士誠的禮賢下士，所以仍與他保持某種程度上的關聯性。楊維楨的弟子張憲、趙信，就曾出仕張士誠，楊維楨雖對張吳政權失去信心，卻希望他的弟子們能夠在張士誠幕下奉獻一己之力，以中興故國、恢復失土爲寄託。因此，秦裕伯不肯出仕，頗受明太祖的猜忌，擔心他與反叛勢力有所勾結，對新朝構成潛在威脅，是故語帶恫嚇地強迫他出仕。

與秦裕伯有相同仕元經歷的李徵臣，卻因不肯仕元，幾遭「滅身族家」的慘禍：

> 前元歷官翰林待詔，洪武中不肯屈，家屬盡累死，戍徵臣寧夏。永
> 樂初，有丁學士爲上寵重，問誰篤學，以徵臣對。上召徵臣至京，
> 且官之，曰：「徵臣於洪武時不受官，今日義安得復受官？願還行伍。」
> 上憐之，遣還家。對曰：「徵臣久無家，願依吳中故人盛景華。」遂
> 放去。〔註97〕

李徵臣歷經明朝兩帝，身遭流徙、家破親亡，仍然不肯出仕。明成祖採取禮遇寬容的方式對待不仕士人，態度與明太祖截然不同。亦可見洪武一朝隱逸不仕之風盛行，若干士人甚至甘心身戮家亡亦堅守不仕的理念。

相對地，基於明初局勢尚未全面穩定，且政府需才孔亟，明太祖希望元

〔註96〕《明史》，卷二八五，〈秦裕伯傳〉，頁7317。
〔註97〕查繼佐，《罪惟錄》，列傳七，頁20b，〈李徵臣傳〉。

朝遺留下來的官吏能夠爲其所用，不僅是治國安民上的需要，將那些未曾爲敵對勢力效力過的元朝官吏納入官僚體系，更能減少潛在的叛亂發生，因爲這些元朝地方官吏其實都是具有地方聲望的在野士人，他們在地方上的權勢，能夠幫助朱元璋重整在戰亂中遭受破壞的地方秩序，成爲安定地方的一股中堅力量。〔註98〕

三、不仕元而仕張者

元末僅仕於張士誠的士人，多爲當時初起的文學才俊之士，如「北郭十友」中的徐賁、唐肅、余堯臣三人，皆曾在張士誠幕下從事。這類僅出仕張士誠的士人，存於史載者並不多見。擁護張士誠者，並不一定在張氏幕下親領官職，應是原因之一。因爲當時寓居東南之士多歸張士誠，但他們有不同的方式可以貢獻其一己之力，「或居賓位，或就僚屬，或主謀議，或典文章。」〔註99〕況且，明初曾任張氏官屬的士人大多被殺或被滅，僅有少數名重於時的士人，其事蹟能夠流傳至今。

在這些見於記載的士人當中，有的曾經接受過張氏的官職，但不久就辭官隱居在野。如徐賁，他與當時亦出仕張士誠的張羽，一起辭去官職，隱居於吳興。徐賁、張羽任張氏幕僚的時間都不長，一直到朱元璋攻破蘇州城，他們還是維持隱居的身份。徐賁因有仕張的經歷，吳亡後被強制遷徙至臨濠，直到洪武七年才解除了這嚴酷的政治流放，洪武九年起，擔任山西、河北的廉訪使。

徐賁、張羽與高啓、楊基被後世推崇爲「明初四傑」，高啓曾爲饒介的賓客，楊基當元季隱居於赤山，張氏開府平江，曾任記室之職，不久辭去，爲饒介的幕下賓客，明初以饒氏賓客的身份流徙臨濠、河南等地。明初四傑與張士誠集團的關係，或爲臣屬，或爲幕下賓客；徐賁、楊基任官不久即辭去「喧囂厭已久」〔註100〕的官僚生活，保持閒居在野的身份。

明初四傑在洪武初年下場都很淒涼。高啓於洪武七年被腰斬而死，年僅三十九。楊基在洪武二年被赦放歸，經歷起起落落的宦途生涯，洪武六年擔任山西按察副使、按察使，後被讒奪職，「供役死於工所」〔註101〕。徐賁於洪

〔註98〕參見檀上寬，〈義門鄭氏と元末の社會〉，頁94。
〔註99〕冊義雄輯，《隆平紀事》，頁58a。
〔註100〕徐賁，《北郭集》，卷二，頁5b，〈蜀山〉。
〔註101〕錢謙益，《列朝詩集小傳》，甲集，〈楊按察基〉，頁116。

武十二、三年間，擔任河南左布政使，後因延誤軍糧，太祖斥爲「迂疏儒者」〔註102〕，下獄死。張羽則於洪武十八年因事召還，「知不免，自投龍江以死」〔註103〕。

　　高啓因堅持退隱，忽略了明太祖求才若渴的心意，終被餘威所震而殞命。明太祖令寰中士夫不爲君用，誅其身家，且告歸者多不免。曾任張吳集團左丞潘元明賓客的申屠衡，洪武初年即因不肯出仕而被謫徙臨濠。〔註104〕

　　明初的情勢不允許士人隱逸在野，明太祖卻又用刑過苛，使任官者「一有差跌，苟免誅戮，則必在屯田工役之科。」〔註105〕結果，明初四傑除高啓外，其餘三人無法隱於明初，卻死在嚴刑峻法之下。

　　與明初嚴峻的政治氣氛不同，在張士誠統治江南期間，元末江南地區隱逸之風已然盛行，是故仕於張士誠者亦往往中途告歸，明初四傑中的徐賁、張羽就是如此。另如寓居吳中的姜漸：

　　　　至正間兵變，奉其父僑居吳中。張氏起爲淮南行中書左右司都事，
　　　　後退歸，著述爲事。〔註106〕

曾經出仕張士誠，爾後又退出張氏集團者，其退隱的原因甚多，除了江南地區既有的隱逸之風外，與張士誠賢與不肖之士兼收亦有很大的關係：

　　　　吳開賓賢館，貧無藉者亦爭趨之，美官爵，豐廩祿，得志一時，或
　　　　作北樂府嘲之曰：「皀羅辮兒緊扎捎，頭戴方簷帽，穿領闊袖衫，作
　　　　個四人轎，又是張吳王米蟲來到了。」〔註107〕

雖然史籍中所見的張氏幕僚皆爲有志行的士人，以高官厚祿爲志的士人多不見於史載，但由楊維楨的感嘆：「吳之客七千，異於妾婦者幾人？」〔註108〕可以想見當時士人群集吳中的盛況與張吳幕下「米蟲」眾多之一斑。

　　因此，唯有志行高潔之士才能留名史冊，如張經：

　　　　至正丙申，張士德渡江，選令丞、簿尉以下十有一人，德常徙家爲
　　　　吳縣丞，三年升縣尹，明年除同知嘉定州，壬寅，調松江府判官。

〔註102〕錢謙益，《列朝詩集小傳》，甲集，〈徐布政賁〉，頁117。

〔註103〕錢謙益，前揭書，甲集，〈張司丞羽〉，頁116。

〔註104〕參見查繼佐，《罪惟錄》，列傳十八，頁4b，〈申屠衡〉。

〔註105〕《明史》，卷一三九，〈葉伯巨傳〉，頁3991～3992。

〔註106〕張昶，《吳中人物志》，卷十，頁21a，〈姜漸傳〉。

〔註107〕冊義雄輯，《隆平紀事》，頁64b。

〔註108〕楊維楨，《東維子文集》，卷八，頁12b，〈送王公入吳序〉。

所至人歌思之。〔註109〕

張經，字德常。他從至正十六年（1356）起擔任吳縣縣丞，到二十二年任松江府判官止，六年期間內輾轉吳縣、嘉定州、松江府三地，政績卓著，是張氏幕僚中的廉能官吏。

出仕張士誠的士人，除了如張經以地方官的職位親臨民事，大部份的士人都出任掌典文學、制誥等官職。如張憲，爲張吳幕下記室，唐肅爲「文學」、王行爲「校書」、余堯臣爲「左司」，這些官職所代表的實際意義，今已不可考，然爲文職應屬無疑。〔註110〕另有士人擔任學校教諭或儒學提舉等職，如盧熊爲吳學教諭，鄭元祐任江浙儒學提舉。要之，參與張氏政權的士人，多以佐治文教、掌典文學居多，與當時江南地區文士畢集的情勢實相符合。

除了曾在張士誠幕下任職的士人外，另有若干士人僅以在野的身份對張吳政權提供謀略、政策上的建議。如寓居蘇州的王鑑，是個品行高潔的士人，常以朋友的身份向張士誠提出行仁義、收民心的建議，士誠都「嘉納」之。〔註111〕

四、元、張皆不仕者

元末以來江南地區的不仕風氣，使抱定終身不仕的士人在明初大量湧現。很多歷經元明兩朝之際三個政權的江南士人，以學術文章爲安身立命之所，不以仕宦爲念，甚至逃避仕宦唯恐不及。誠如錢穆先生所言，士人思歸求退之心，已是「時代之風氣，亦時代之心情也」〔註112〕。因此，元明以來皆不仕的江南士人，數量較其他類型的士人爲多。

此時知識份子的特色是對詩文書畫皆有專攻，並視之爲生命之寄託而甘之如飴。如紹興府諸暨縣的陳大倫，據《新元史》載：

> 陳大倫，字彥理，諸暨州人。始學於從兄洙，後事吳萊，絕意仕進。嘗語人曰：「吾平生無他嗜，唯攻文成癖耳。」所著有《春秋手鏡尚雅集》。〔註113〕

〔註109〕錢謙益，《列朝詩集小傳》，甲前集，〈張府判經〉，頁82。
〔註110〕「曰：『司馬』，又曰：『左司』，必東越鎮將版授之職銜，而今不可考矣。」出處同前註，〈余左司堯臣〉，頁100。
〔註111〕參見冊義雄輯，《隆平紀事》，頁68b。
〔註112〕錢穆，〈讀明初開國諸臣詩文集〉，頁46。
〔註113〕《新元史》，卷二三八，頁3b，〈陳大倫傳〉。

吳萊爲元古文大家，與黃溍、柳貫等大儒齊名，從學者甚眾，宋濂、胡翰、戴良等人皆曾遊學其門下。宋濂仕明爲明初開國功臣，胡翰則終身不仕，文章與宋濂齊名。不以文章學術爲干祿工具，僅注重私相授受的師生相傳，成爲這個時期不仕士人的普遍現象。

元末以來不仕的時代風氣影響所及，許多士人絕意仕進，有的家貧如洗，仍以耕讀爲樂，〔註114〕有些士人則以詩文酬唱爲士人群體間的聯繫方式，有共同聚會唱和之所。這個提供士人唱和的地點，即成爲士人活動之中心，使他們的詩文創作得以互相交流，更因拒絕仕進的在野身份，故能專心一意在學術文章上發揮自己的才華。

除了像張羽、徐賁般以朋友的身份相約辭官，一起隱遁鄉居之外，兄弟有相同興趣與類似的出處經歷，亦爲元明之際變動時代所常見，如山陰人王孚，與弟隱居娥江，吟哦自娛，相互扶持以終。〔註115〕

王孚是蘭亭書院山長王中元的第五子，他以「孝友純樸、動遵禮度」爲奉行準則，益見隱居鄉里的士人居家行事之一斑。被稱爲「新昌三彥」的呂九成、呂不用、呂九思三兄弟也是同爲隱逸的家族成員，據《兩浙名賢錄》載，呂九成「與兄不用、九思齊名，時稱新昌三彥。自以宋室世臣，不肯仕元。其後兩兄以徵辟仕本朝，九成竟隱約終身，弦歌自適，欣如也。」〔註116〕呂不用在明初，太祖「屢欲薦之，以聾疾辭」〔註117〕，後雖曾出仕爲縣學訓導，晚年仍退居鄉里，其最終隱逸的理想不因被強迫出仕而改變，與其諸弟的不仕理念相符。

隱居不仕的士人若無相互砥礪扶持的兄弟爲伴，也並非獨守書閣、卓然世外，他們往往有一群志趣相同的好友，或切磋詩文，或結伴共遊，或宴飲酬唱。如隱居於西湖之上的韓謗，與當時隱匿於黃冠之中的張雨，有切磋詩文的師友關係。〔註118〕武康人王子中與一時名士如柯敬仲、虞伯生皆相善。〔註119〕倪瓚逃避張士誠的徵辟，隱匿於太湖之上，仍與賓客宴飲於湖上，焚

〔註114〕「值元季兵亂，家盡毀。紹原偕諸弟攻苦食淡，怡如也。及海內既平，於舍旁闢一軒，扁曰：『耕讀』，與常所往來者觴詠其中，瀟然免於世累」見徐象梅，《兩浙名賢錄》，卷四四，頁48b，〈王紹原傳〉。

〔註115〕徐象梅，《兩浙名賢錄》，卷四四，頁31b，〈王孚傳〉。

〔註116〕徐象梅，前揭書，卷四四，頁44a，〈呂九成傳〉。

〔註117〕徐象梅，前揭書，卷四三，頁24b，〈呂不用傳〉。

〔註118〕參見楊維禎，《東維子集》，卷九，頁10b，〈送韓謗還會稽序〉。

〔註119〕徐象梅，《兩浙名賢錄》，卷四四，頁31b，〈王子中傳〉。

香彈琴，過著逍遙自得的生活。楊維禎晚年隱居於松江之上，「無日無賓，亦無日不沈醉」〔註120〕，他曾自述自己休官退隱後的閒逸生活說：

> 吾未七十，休官在九峰三泖間殆且二十年，優游光景過於樂天，有李五峰、張句曲、周易痴、錢思復爲唱和友，桃葉、柳枝、瓊花、翠羽爲歌歈伎。……風月好時駕春水宅（先生舫名）赴吳越間，好事者招致，效昔人水仙舫故事，蕩漾湖光島翠。〔註121〕

文中所述與楊維禎爲友的張雨、周之翰皆爲元明皆不仕之名士。張雨早年離家棄妻子，隱居於黃冠之中，與當時著名文士如趙孟頫、虞集、揭傒斯、范梈、黃溍等人〔註122〕相友善，「工書善詩歌，文亦奇古」〔註123〕，是當時有名的方外高士。周之翰則「博極群書，尤精易學」〔註124〕，遂以「易癡道人」自稱。兩人皆與楊維禎相友善，並以這種閒逸、玩世的生活態度，隱於元末紛亂之世。

但明初對待士人的態度與法令的嚴苛，使江南社會寬縱的風氣驟然一變，世家豪族多受打擊，元末以來士人閒逸宴集的生活型態也不復存在，如常熟隱逸徐洪，元末與明初過著截然不同的生活，《吳中人物志》載：

> 家富甲常熟，邑中號徐半州。洪尚禮好士，時之名勝如楊維禎、倪瓚、陳基輩皆延致之。元季，吳中豪右多踰侈，國初更化，洪將家業讓與潘珪。獨挈妻子築室宣化門外先隴之側，布衣蔬食，謝遠文游，自號桃源水隱。〔註125〕

明初，「江南大族以次籍沒」〔註126〕，元末以來江南富家大族多岌岌可危，無法全其身家財產，明初江南富戶「多以罪傾其宗」〔註127〕，但隱逸之風依然盛行，只是這些不仕士人的交酬活動不再像元末那般閒縱自得，如住在吳縣

〔註120〕宋濂，《宋學士文集》，卷十六，〈元故奉訓大夫江西等處儒學提舉楊君墓志銘〉，頁306。

〔註121〕楊維禎，《東維子集》，卷九，頁8b，〈風月福人序〉。

〔註122〕「有元盛時，荊楚之士以文章名天下者，曰虞文靖公集、歐陽文公玄、范文白公梈、揭文安公傒斯，海內咸以姓稱之而不敢名。」見宋濂，《宋學士文集》，卷六三，頁1020～1021。

〔註123〕徐象梅，《兩浙名賢錄》，卷四四，頁44a，〈張雨傳〉。

〔註124〕錢謙益，《列朝詩集小傳》，甲前集，〈周處士之翰〉，頁91。

〔註125〕張昶，《吳中人物志》，卷九，頁21b～22a，〈徐洪傳〉。

〔註126〕轉見謝國楨，《明代野史筆記資料輯錄》三，頁309。

〔註127〕方孝孺，《遜志齋集》，卷二二，頁40a，〈鄭處士墓碣〉。

且終身不仕的倪維德，卒於洪武十年，晚年「建別墅敕山之下，乘扁舟，具酒餚，與二三賓客放浪水光山色間，脩然高舉，如在世外，因自號曰敕山老人。」〔註128〕這樣的隱逸生活，雖仍延續元末以來注重賓客交遊、詩文酬唱的文士生活，然而士人群聚宴集的規模已大不如前，轉以澹泊無聞爲處世之道，如錢塘潘時雍「性儉淡力學，隱居郡城之東」〔註129〕，孫蔗田「不受徵聘，以詩文自娛樂」〔註130〕，吳江蕭規「讀書樂道，不求祿仕」〔註131〕。因此，明初的隱逸，其行跡多近於沒世無聞的方外之人。

第三節　明初江南隱逸原因之分析

一、忠於故國的遺民心態

　　明初隱居不出的士人，有些是緣於彼等忠於元朝的遺民心態，對明政權並無多大認同，視出仕明朝爲變節行爲。這種爲了堅持忠節觀念而走上隱逸之途的士人，類似牟復禮（Frederick W. Mote）所說的「義務性的隱逸」（Compulsory Eremitism）。牟氏指出，被推翻的朝代中的忠貞官員，必須在新朝開始之後退出政治生涯，以表現自己的忠節態度；抱持這種態度而隱逸的士人，就可算是「義務性的隱逸」〔註132〕。其實，抱持忠君思想而表現隱逸行爲者，未必一定曾經在前代任官，只要心中認同前朝，以「故國遺民」自居的隱逸士人，都是以忠節爲進退取捨之標準。王逢並未在元朝擔任官職，仍然以遺民自居，不願出仕明朝。他與曾任元朝中順大夫的戴良，皆有濃厚的忠節思想，史稱：「元亡，明太祖徵召甚迫，以疾辭。逢與戴良皆眷眷有故國之思。」〔註133〕兩人皆在明朝開國後歷經十數年以上的歲月，仍對故元懷有深厚的感情。面對動盪的世局，兩人在元末都曾效一己之力，試圖力挽狂瀾。

　　元順帝至正二十一年，戴良逃避兵亂至上海的烏涇，是想藉張士誠的勢力以恢復元朝，然而士誠雖官拜元朝太尉，實則固守一地，並不遵從朝廷的

〔註128〕 宋濂，《宋學士文集》，卷四九，〈故倪府君墓碣銘〉，頁870。
〔註129〕 徐象梅，《兩浙名賢錄》，卷四四，頁48b，〈潘時雍傳〉。
〔註130〕 徐象梅，前揭書，卷四四，頁48a，〈孫蔗田傳〉。
〔註131〕 張昶，《吳中人物志》，卷九，頁23a，〈蕭規傳〉。
〔註132〕 參見Mote，前揭文，pp.229～232。
〔註133〕 《新元史》，卷二三八，頁5b，〈王逢傳〉。

號令。戴良見張士誠不足與謀，便渡海至膠州想依附元軍大將王保保，因道路梗塞而作罷，又「訪求齊、魯間豪傑，憤欲有爲」〔註134〕，直到洪武六年才改名換姓南還，隱居於四明山中。戴良後半生歲月實皆畢力奔走，以謀求恢復元朝。

王逢曾上策張士德歸降元朝，以對抗朱元璋的勢力。至正二十四年上〈擬河清頌〉，藉黃河河水轉清之自然現象，歌頌在上位者的功德。入明後，王逢詩文拒不用洪武年號，僅以干支記年，如〈辛酉雜題〉（洪武十四年，1381）、〈甲子多偶書〉（洪武十七年，1384）、〈乙丑秋書〉（洪武十八年，1385）……等，而元末所作詩文中，行文多以元帝年號紀事。〔註135〕摒棄明朝年號而不用，正所以明其不忘故元的心志。王逢卒於洪武二十年（1387），前五十年歲月身爲元朝臣民，後二十年則爲元遺民、明朝逸民。王逢在所撰的〈擬河清頌〉中，有「草野臣某言：臣本江陰鄙人也，素不希仕進，甘分隴畝，讀書向道。」〔註136〕等句，表現了對元朝的忠誠與不仕的決心。他又曾在〈戊申元日〉詩中寫道：「月明山怨鶴，天黑道橫蛇」〔註137〕。明太祖將戊申年元月乙亥日改元洪武元年，元朝尚未滅亡，仍與明軍在黃河流域一帶交戰，朱元璋卻已在金陵稱帝，王逢語中透露出他的無奈與怨憤。錢謙益曾評論王逢說：「老於有明之世二十餘年矣，不可謂非明世之逸民也。」〔註138〕洪武十五年，使者齎書幣到訪，敦迫上道，幸賴他任通事司令的兒子急忙「以父老，叩頭泣請」，明太祖下令免召他入京，才成全了王逢忠於故元的堅持。

戴良則沒有那麼幸運，洪武十五年被召入京，太祖欲官之，卻因他「以老疾固辭，忤旨。」〔註139〕翌年四月，竟自裁而死。戴良生前曾對自己的爲人處世有過如下的短評：

> 處榮辱而不二，齊出處於一致，歌黍離麥秀之詩，詠剩水殘山之句，
> 則於二子庶幾無媿。〔註140〕

〔註134〕錢謙益，《列朝詩集小傳》，甲前集，〈九靈山人戴良〉，頁55。

〔註135〕如〈杭城陳德全架閣錄示至正十一年大小死節臣屬，其都濟爾以下凡十三人，王侯以下凡九人，徵詩二首并後序〉、「至正甲申秋八月，逢金陵歸，泊常城下。……」見王逢，《梧溪集》，卷一，頁62a；卷二，頁13a。

〔註136〕王逢，前揭書，卷六，頁1a，〈擬河清頌〉。

〔註137〕錢謙益，《列朝詩集小傳》，甲前集，〈席帽山人王逢〉，頁54。

〔註138〕錢謙益，《列朝詩集小傳》，頁55。

〔註139〕《明史》，卷二八五，〈戴良傳〉，頁7312。

〔註140〕錢謙益，《列朝詩集小傳》，甲前集，〈九靈山人戴良〉，頁55～56。

從戴良對自己一生的自述中可以看出他確以遺民自期，懷有濃重的故國之思，其家世代業儒，曾任月泉書院山長的職務，〔註141〕可視爲曾經仕元，故以「齊出處於一致」自勉，必不肯出仕明朝。元亡之後不忘故君舊國，往往酒酣賦詩、擊節歌詠，從他「歌黍離麥秀之詩，詠剩水殘山之句」可以明顯地看出他自視爲元遺民，親身實踐儒家不仕二姓的忠節觀以教育他的子弟。

戴良在元末戰亂之際隱居是因爲時局不靖，而在明初不仕是因爲忠君，可見客觀環境的改變會促使士人對仕與隱重新抉擇。與戴良、王逢一樣以忠節觀爲出處依據的尚有楊維禎。洪武二年，楊維禎拒絕使者的招聘時說：「豈有八十老婦，就木不遠，而再理嫁者耶？」〔註142〕第二年又賦〈老客婦謠〉進御，且說道：「皇帝竭吾之能，不強吾所不能則可，否則有蹈海死耳。」〔註143〕兩次拒絕明廷徵辟，楊維禎都以不仕二姓的忠節觀念爲出處的準則，且以「不仕二夫」的貞節比擬「不仕二姓」的忠節，希望明太祖不要強迫他出仕，否則將如烈女般赴海殉節。

明初因忠節觀而隱逸的士人，大多曾出仕元朝。如盧陵人張昱，他曾仕元爲江浙行省左右司員外郎、行樞密院判官，寓居於西湖壽安坊。因元末政局敗壞，掛冠而去。明初曾被徵至京，年已逾八十，太祖憫其老而放歸，「徜徉浙西湖山之間」〔註144〕。則張昱於元末隱居山林的原因是時勢動盪、政局敗壞，有孔子所謂「天下有道則現，無道則隱」的精神在內。那麼他在明初因年老被放歸，則其內心是否願意仕明？在尚未被徵召之前，張昱即曾表明自己的心跡道：

> 酒酣自誦歌風臺詩，以界尺擊案，淵淵作金石聲，曰：「我死葬骨湖
> 上，題曰『詩人張員外墓』足矣。」〔註145〕

張昱一生幾乎在元代度過，入明僅三年即去世。臨老自題墓名，仍以元朝所授官職爲號，其認同元朝的遺民心理，亦顯露無遺。

明初甚多類似張昱的故朝遺老被徵召至京師，大多不受官而歸。如元朝進士、諸暨州判官許時用，朝廷遣使急如星火地催促他上道赴京，他無奈地

〔註141〕「家世業儒，詩書之外亦不能有他圖也。居無何，起爲月泉書院山長。」戴
　　　　良，《九靈山房集》，卷三十，頁 10a～b，趙友同，〈故九靈先生戴公墓誌銘〉。
〔註142〕《明史》，卷二八五，〈楊維禎傳〉，頁 7309。
〔註143〕同前註。
〔註144〕張昱，《可閒老人集》，頁 1a，楊士奇，〈可閒老人集原序〉。
〔註145〕張昱，《可閒老人集》，〈四庫全書提要〉。

被送到京師後，自陳不仕之志，垂淚曰：

> 余先朝進士也，春秋又高矣，不足以辱明時。使者不我知，委幣而
> 迫之來，我不敢違，今已陳情於丞相府矣。丞相讜言之上，得遂歸
> 田焉，不翅足矣。〔註146〕

許時用強調自己是元朝進士出身，使者強迫他前往京師赴召，不是出於自願，
更不願出仕，回歸田園才是他最大的願望。宋濂得知聞名已久的許時用將至
京師，一則以喜，一則以憂；喜的是許時用將以超卓的文才獲得無上的榮祿，
憂的是「何日能賦歸，縱時用欲歸，上之人未必聽也。」〔註147〕則宋濂亦認
為許時用應該歸去，只是要得到明太祖允諾放歸卻不是容易的事。最後，許
時用終於得償所願歸隱鄉里，宋濂在送他的序中說道：「時用之歸也，其有繫
於名節甚大」，是「出處之宜也」〔註148〕。可見在宋濂看來進退無據將大有害
於名節，忠於故元的儒士堅不出仕，且能如願歸隱，終究是這些元朝遺民的
一大幸事。

二、逃避世亂排拒新朝的避禍心理

　　士人之所以匿跡於佛寺、道觀，或為避開俗世的煩惱，或為逃避在上位
者的強迫出仕。就前者言，出於士人心中自發性的成分居多，屬於逃世的隱
逸；就後者言，則客觀環境影響的成分居多。明初，江浙文士集團則多崇浮
屠，與僧道之士往來密切〔註149〕而不願出仕，歷經元末戰亂的江南隱逸，與
方外之士交結，也是明初士人的風尚之一。

　　元末士人出家者漸多，楊維禎曾記述一名吳興儒士之子，受父命出家為
浮屠，「六歲善讀書史，日記萬餘言，而善草隸詩書。」〔註150〕卻不忘儒家本
分，以縛筆為業，在楊維禎的勸說之下，終於再度披起儒巾投入楊維禎門下。
在勸說毛隱上人恢復儒業之後，有感於士人出家的風氣日益盛行，楊維禎擔
心「儒之才日衰折，而入浮屠家如毛隱者多矣。」〔註151〕

　　除了入佛，有的士人也出家為道士。如錢塘張雨，年二十即棄家為道士，

〔註146〕宋濂，《宋學士文集》，卷七，〈送許時用還越中序〉，頁141。
〔註147〕宋濂，《宋學士文集》，卷七，〈送許時用還越中序〉，頁140。
〔註148〕宋濂，前揭書，頁141。
〔註149〕朱鴻，〈明太祖與僧道～兼論太祖的宗教政策〉，《國立臺灣師範大學歷史學
　　　　報》，第十八期，民國七十九年六月，頁64。
〔註150〕楊維禎，《東維子文集》，卷十，頁10a～b，〈毛隱上人序〉。
〔註151〕同前註，頁10a。

隱居於句曲山中。史稱張雨「從虞集受學，詩才清麗」〔註152〕，他以儒士身份在元朝盛世之時出家，不是爲了逃避災難，而是爲追求隱逸與悠閒的生活。

南朝陶弘景亦曾隱居於句曲山中，朝廷屢聘不起，後世以高士視之。張雨隱於道，絕意仕進，以隱逸生活爲尙。然而其交遊對象，上自公卿下至士夫，史載張雨入道後，「諸館閣之上君子亦嘗與其唱酬往還，雖出處不同，而同爲詞章之宗匠。」〔註153〕其閒居與一般之隱逸文人幾無不同。此外，如張簡曾拜張雨爲師，出家過著隱居的生活，後因奉養母親才返回儒士的身份，曾在詩社評比中拔得頭籌。當時許多道士本身能賦詩，與儒生之間的交往亦很密切，佛家子弟也不例外。劉基曾記述會稽一位別峰上人，重建廟軒以游息四方文學之士。劉基在會稽時，「與群士大夫爲寶林之游，而賦詩倡和無虛日焉。」〔註154〕他曾自述與方外之士交往的原因道：

> 蓋吾徒之所以與上人游者，非欲求其道也，上人能賦詩而樂賢士，
> 寺之勝足以資吾游，道士又遠來，見吾徒而欣慕焉，吾安得而拒之。
> 三王世遠，天下之爲民者不易矣，懷才抱志之士，遺其身於方外，
> 以遠害而離尤，豈得已哉？〔註155〕

劉基遇到的別峰上人與道士張玄中皆能詩賦，不問世事而喜與士人交遊，與隱士頗有許多相近之處。劉基稱他們是懷才抱志之士，因逃避世俗的利害喧擾而遁入方外，其本質實與士人相差無幾。

但混跡僧、道以爲隱逸途徑，在很多士人看來並非尋常之事，高啓曾寫序送一位呂山人入道，將士人入道與五代時士人避世入道相提並論，他解釋士人入道流的原因爲：「干戈之際，武夫得志，章甫縫掖之流不爲時之所喜，亦恐爲人之所迫，不如是不足以自絕歟，求其志未嘗不深悲也。」〔註156〕呂山人避居山林之間，閉門教授，仍然不免爲在位者網羅入仕，因此不得不出家爲道士以躲避世俗的紛擾。然則此種入道以自絕於政治的士人在高啓看來，心境是深懷悲哀的，是士人於天下動盪之際不得不然的權變作法。類似呂山人的士人，多已銷聲匿跡於山林之中，無法尋覓他們的蹤跡，史籍中甚

〔註152〕《新元史》，卷二三八，頁11a，〈張雨傳〉。

〔註153〕張雨，《句曲外史集》，《景印文淵閣四庫全書》集部281（臺北：臺灣商務印書館，民國七十五年七月，初版），頁1b，徐達，〈句曲外史集序〉。

〔註154〕劉基，《誠意伯文集》，卷五，〈送道士張玄中歸桐柏觀詩序〉，頁117。

〔註155〕同前註。

〔註156〕高啓，《鳧藻集》，卷二，頁10b，〈送呂山人入道序〉。

少關於他們的記載，只能從士人的著述中略見一二。

貝瓊作〈愚癡道人傳〉，記述一名隱於道流的士人：

> 愚癡道人者，隱於錢塘之東青山。余一日過於鳳皇山下，據槁梧讀
> 老子書。與之語，知士也。〔註157〕

這個以愚癡自號而隱於道流的士人，舉李斯與晁錯的例子辯證說士人用智是亡家滅身的根源，反對以智謀爲世所用，而以愚癡爲逃避不測之禍、保全身家的方式。實際上，愚癡道人隱於道流之中，即是爲了掩藏士人的本來面目，逃避在位者的延攬，並自我警惕不要以智謀涉入世務，以獲得自身的保全。

楊維禎棄官之後，「絕交勢要」〔註158〕，卻與頗多方外之士有詩文往返。他在錢塘時曾爲已方上人的詩集《冷齋詩集》寫序，驚於其才氣縱橫，有治理邦國之才，卻孜孜於追求篇章文字的工整，甚爲嘆息。〔註159〕部份方外之士不僅具備士人古典詩詞能力，有些還具有出仕的資格。〔註160〕這些具備文史、吏治之才的方外之士亦成爲隱逸士人結交的對象，山林深處的寺觀就成爲士人遊憩或避禍歸隱之所。除了以僧、道爲歸隱之處，也有些士人隱匿於各行業之間，最爲常見的是隱於醫。如吳縣韓奕，據《吳中人物志》載：

> （奕）隱於醫。洪武初，太守姚善下車聞奕名，將見之，奕避去山
> 中，善追至，而泛舟入太湖。善歎曰：「韓先生所謂名可得聞，而身
> 不可得而見也。」尤工於詩，時稱韓山人。〔註161〕

隱於醫的士人往往不以醫術謀財，行醫同時兼行善。如元末曾經在楊維禎門下游學的李詞，「負氣節，善爲詩，賣藥金陵市中，病者趣其門，無弗與者，所與無不立差。」〔註162〕有些醫者甚至以醫術聞名，活人甚眾。如山陰徐君采，「雅好琴書」，「以龜策隱市廛中，郡之士大夫皆與之往來」，後來學習醫術，「能治痣，取奇效，馳聲公卿貴人間。」〔註163〕這種救活人命的醫術，比起出仕當官而不能恩澤人民的士人更爲人所欽佩。徐君采以醫術濟人自得，

〔註157〕貝瓊，《清江文集》，卷二，頁7b，〈愚癡道人傳〉。
〔註158〕楊維禎，《東維子集》，卷十，頁4b，〈竺隱集序〉。
〔註159〕參見楊維禎，《東維子集》，卷十，頁2b，〈冷齋詩集序〉。
〔註160〕「會稽僧郭傳，由宋濂薦擢爲翰林應奉。」見《明史》，卷七一，〈選舉志三〉，頁1712。
〔註161〕張昶，《吳中人物志》，卷九，頁22a，〈韓奕傳〉。
〔註162〕徐象梅，《兩浙名賢錄》，卷四四，頁41b，〈李詞傳〉。
〔註163〕宋禧，《庸菴集》，卷十三，頁2b，〈贈徐君采序〉。

忘卻自己的貧困，不以醫術謀求財富，這種「由儒而醫，於物有濟」〔註164〕
的胸襟，展現了隱逸士人在鄉里間的正面作用。

　　部份士人因爲客觀因素的逼迫而隱遁山林，時局動盪與政治壓迫是影響
最爲深遠的兩項因素。元末天下大亂，士人紛紛絕意仕進，以隱處鄉間爲全
身免禍之計。且此時出來爲官，對大局亦無絲毫助益。元末，已經隱居四十
年的處士鄭子美被起用爲官時，楊維禎即曾勸他說：

　　　今之舉逸人，非太平文典，已國家失太平五六年，吏日不遑支，民
　　　日不聊生也。始急俊傑於在位之外，鄭子挾何術往？〔註165〕
也就是說，此時出仕不僅無法除盡盜賊、安定民生，且朝廷賞罰不明，極有
可能惹禍上身。這種遠禍全身的看法，反映部份士人在戰亂之際隱居不仕的
心聲。身處危亂之世，不僅要盡量避免踏上仕途，以免殺賊不成反被禍，素
有聲名、財富的士人更應早些避入山林，以免在戰亂之際身家兩失，元末倪
瓚散盡家財隱居江湖，就是最好的例子。張士誠佔有江南之時，他亦是以相
同的方式遠避災禍，直至洪武七年才離開人世，終生不仕。

　　除了原本就無心仕宦的士人外，天下動盪不安，也使部份有心仕進的士
人放棄學而優則仕的雄心壯志，被迫隱于鄉里。如處士薛文珪於元季曾應江
浙行省鄉試不第，因而絕意仕途，把希望寄託在他的兒子身上，遣其子先後
受學於劉基與錢用壬兩位著名學者。無奈時局不靖，其子憤憤不平而不安於
久處荒閒寂寞之地，薛處士安慰他說：「學在我，隱顯以時，何必躁進耶？」
〔註166〕薛處士父子兩代的隱處原因各自不同。薛處士的不仕原因在於元朝入
仕之途的狹隘，其子則適逢時局動盪，非士人進取之宜時，只好懷著待仕之
心閒處於鄉里。與薛處士同爲上虞人的杜肅，當天下太平之時，「學詩、書、
春秋，刻勵艱辛，攻舉子業，將戰藝鄉闈。」〔註167〕卻因時局板蕩而不復有
干祿意，直到洪武四年天下大勢已定之後，才又以春秋科就試於江浙，以謀
出身。因此，士人必須隱顯以時，天下局勢的分合治亂自是決定士人出處抉
擇的客觀因素。

　　明初，雖太祖求賢之意急切，而山林隱逸至者恆寡。洪武九年，葉伯巨

〔註164〕謝肅，《密庵集》，卷八，頁7b，〈祭菊東黃公誄〉。
〔註165〕楊維禎，《東維子文集》，卷九，頁2b，〈送鄭處士序〉。
〔註166〕謝肅，前揭書，卷八，頁5a～b，〈薛處士行狀〉。
〔註167〕謝肅，前揭書，卷八，頁12b，〈杜德莊墓誌銘〉。

藉星變上書，曾提到明初士人不欲出仕的原因：

> 有司敦迫上道，如捕重囚。比到京師，而除官多以貌選，所學或非
> 其所用。洎乎居官，一有差跌，苟免誅戮，則必在屯田工役之科。
> 〔註 168〕

許多士人因爲小過失或遭人誣陷而獲罪，如元季天下動盪之時隱居不仕的杜
肅，於洪武五年授萊州府福山縣縣令，是年三月，太祖遣使至福山縣選民間
驢騾，宣使卻將善走者私以駑蹇者換之，致杜肅下獄並受拷掠鞭笞的酷刑，「居
官日淺，才未究用，而以非罪死。」〔註 169〕類似杜肅以經世澤民之心而慘遭
非罪而死的士人，在洪武朝屢見不鮮，這種禍福無常的仕宦生活，往往令士
人打消出仕的念頭，寧可繼續維持元季以來的隱士狀態。

　　總之，明初以強制的手段要求士人出仕，又無法授與適當的官位，「下至
倉、庫、司、局諸雜流，亦令舉文學才幹之士。」〔註 170〕又用嚴法重典以待
臣民。使元末以來既存的不仕之風在明初不僅未獲改變，反而雪上加霜。

三、出於個人理想及家庭因素的抉擇

　　元末以來不仕風氣影響之下，許多士人競以不仕爲高，自放於江湖之間，
而以詩文創作爲畢生事業，遠離俗世的風雲離合。有些士人，並非出於忠節
之堅持而隱，其進退往往不以出仕爲考量，而較重個人自身的修養及家庭份
子的倫常觀念。這種以個人及家庭爲出發點的隱逸，緣於儒家傳統鼓勵道德
準則的維持，且堅持士人在社會上的作用，並不單靠出仕就能達成淑世的理
想，反而也能經由個人及家庭中的道德實踐，達成儒家賦予士人的任務。這
類隱逸士人，較注重自身在詩詞文學上的發揮；詩文除了陶情冶性之外，最
重要的是它具有教化的功能，誠如宋濂所說：

> 明道之謂文，立教之謂文，可以輔俗化民之謂文。斯文也，果誰之
> 文也？聖賢之文也。〔註 171〕

聖賢之文可以明道立教，可以輔民化俗，作用匪淺。相較於出仕澤民，就士
人而言，處於鄉野而以聖賢之道自期亦是一種不朽的事業。許多隱逸士人的
目標，即是以追求這種「立言」的成就爲理想，將社會教化的價值看得比出

〔註 168〕《明史》，卷一三九，〈葉伯巨傳〉，頁 3991～3992。
〔註 169〕謝肅，《密庵集》，卷八，頁 14a，〈杜德莊墓誌銘〉。
〔註 170〕《明史》，〈選舉志三〉，頁 1712。
〔註 171〕宋濂，《宋學士文集》，卷六六，〈文說贈王生黼〉，頁 1065。

仕的角色重要。如吳縣人金可文，隱於市街之中，其風尚卻廣爲流傳，《吳中人物志》載：

> 賢智有才，自埋於眾，以處士稱之。嘗以丘園科不起，曰：「幸有廬一區在市闤，可以避風雨；田一廛在郭外，可以給衣食；學聖賢之道，可以自樂，不願仕也。」〔註172〕

有田可耕，有屋可藏，免去了經濟生活上的壓力，在這個基礎上以聖賢之道自期，隱處於群眾之間，且認爲出仕與隱處是兩種不同的情操，不能同時爲之，一旦出仕，即失去了隱處鄉間又能傳習聖賢之道的樂趣。金氏自明其選擇隱逸的原因曰：「仕榮利祿，隱樂眞素，苟以相易，彼此兩乖。乖而強合，吾不能已。」〔註173〕其節行之可貴，在於其以聖賢之道自得，並以出仕爲達成自己志向的障礙。楊維禎並指出當時有些士人進退無據，忽隱復仕，不如金處士遠甚：

> 吾嗟今之士科，隱丘復事王侯，行無補闕，言無裨謀，惟祿仕是媒。
> 詭貞而隱，詭逸而休，以爲吾人憂放而返澗，恚岳隴羞。聞處士風，
> 其不泚然在顙，豈吾人儔？〔註174〕

可見在元末不仕風氣盛行之下，有些士人以隱逸爲博取盛名之途徑，實則心在祿仕，是這個變動的時代中存在的另一種士人面相。

以詩文爲傳衍聖賢之道是許多士人心中的理想，除了以傳承文教爲己任的理想之外，許多隱逸士人遂以詩文創作爲其心靈上之寄託。明初辭官歸隱的高啓就是這種「以詠歌自適」〔註175〕的隱逸人物，他畢生致力於詩文創作，不爲權勢所動。從至正十八年到二十七年十年之間，他共完成了七百三十二篇詩文，收錄成《缶鳴集》，可謂無時無刻不在詩文上下功夫。這段期間正是張士誠統治吳中之時，他避居於吳淞江之青邱，遠離統治者的招聘，以創作爲生活的重心。他曾自述在元末動盪之際不願出仕的原因說：

> 余生是時，實無其才，雖欲自奮，譬如人無堅車良馬，而欲適千里之塗，不亦難歟？故竊伏於婁江之濱，以自安其陋。時登高邱，望

〔註172〕張昶，《吳中人物志》，卷九，頁17b，〈金可文傳〉。

〔註173〕楊維禎，《鐵崖先生古樂府》，收入《四部叢刊初編集部》第79冊（臺北：臺灣商務印書館，縮印常熟瞿氏藏明正統黑口本，民國五十四年），卷六，〈金處士歌〉，頁42。

〔註174〕同前註。

〔註175〕高啓，《高青邱詩集》，呂勉，〈槎軒集本傳〉，頁3。

> 江水之東馳百里而注之海：波濤之所洶歘，煙雲之所杳靄，與夫草
> 木之盛衰，魚鳥之翔泳，凡可以感心而動目者一發於詩。蓋所以遣
> 憂憤於兩忘，置得喪於一笑者。〔註176〕

高啟自謙不是智勇能辯之士，隱於亂世以賦詩自得，實是一種較注重個人自我實現的態度。高啟亦認為當時局清明之際，應當「行其道以膏澤於人民，端冕委佩立于朝廟之上」〔註177〕，以克盡士大夫的職責。且明朝開國在高啟眼中是一亂極將治之時，他希望在野的士人能夠出仕以佐翼聖朝，是基於傳統「時隱」的觀念。實際上，他認為為政者治理人民最重要的不在於強迫士人出仕，而在於順人情與厚民俗，尤以厚民俗為重，高啟認為：

> 力有所不任者，不迫之使必為；義有所可許者，必與之使有遂。所
> 以人之出處皆得，而廉恥之風作矣。〔註178〕

是故，雖然高啟認為時勢清明是士人大顯身手的最佳時機，但強迫士人出仕則有違人情，讓士人隱居在野反而可以「著書立言以淑諸人，詠歌賦詩以揚聖澤」〔註179〕，使民風純樸，反而更有益於教化。這種出處觀已經超出了傳統士大夫「時隱」的行為準則，士人在地方教化的責任與個人詩文才能的發揮反而是知識階層的重要選擇。

高啟自己就是以著書立言與詠歌賦詩自許的隱逸士人，洪武三年，高啟辭官不受，回到昔日隱居的吳淞江畔，舊居「書籍散落，賓客不至」〔註180〕，閒居生活日以賦詩為念，到洪武四年底，共得詩一百二十三篇，成《姑蘇雜詠》。又如洪武初被徵修禮書的陳世昌，是一位「力學古文，不慕仕進」〔註181〕的隱士，終其身致力於文章大業之中。明初隱居不仕，洪武十七年舉博學宏詞的董荊，「博學好古，長於詩文」〔註182〕，兼善書畫，明太祖詢以治民之道，他對答如流，卻拒絕接受縣丞的職位，告歸終老於家。可以看出高蹈遠俗、重視自我實現的人生態度，是他們選擇隱逸不仕的根本原因。誠如高啟所說：「天下無事時，士有豪邁奇崛之才而無所用，往往放於山林草澤之間，與田夫野老

〔註176〕高啟，前揭書，〈婁江吟稿自序〉，頁1。
〔註177〕高啟，《鳬藻集》，卷二，頁16b，〈野潛稿序〉。
〔註178〕高啟，前揭書，頁18b，〈送徐先生歸嚴陵序〉。
〔註179〕高啟，前揭書，頁20a，〈送徐先生歸嚴陵序〉。
〔註180〕高啟，《高青邱詩集》，〈姑蘇雜詠序〉，頁2。
〔註181〕徐象梅，《兩浙名賢傳》，卷四一，頁43b，〈陳世昌傳〉。
〔註182〕徐象梅，前揭書，卷四四，頁46a，〈董荊傳〉。

沈酣歌呼以自放其意，莫有聞於世也。」〔註183〕

此外，有些士人則是因為家庭的因素而隱逸不仕，與高啓同時召至京師纂修《元史》，後又同因魏觀案被處死的王彝，就是以歸養老母為志的士人，他曾自述歸隱的原由說：

> 吾非不欲仕也，顧老母不樂去其鄉，旁又無他子侍養，吾可留此而
> 使吾母久西望乎？吾亟歸爾。〔註184〕

王彝歸養鄉里之後，過著安貧奉母的儉樸生活，曾將居室命名為「歸養堂」，可見隱與養母為其最大心願，亦可說是二合一之事，而王彝不以出仕榮顯家族，只願「且輒冠帶率婦子升視，饌已，取聖賢之書詠歌於其側。」〔註185〕過著詠歌奉母的平淡生活。

由於時局不靖，或是仕宦在外無法照顧到家中的父母，許多士人寧可在鄉里間以授徒維持生計、奉養雙親，也不願意冒險離家求取仕祿，如新昌呂山人，為事奉九十五高齡的父親，他隱居鄉間以授徒為業。〔註186〕又如餘姚倪叔懌，「干戈之際，益以家貧親老為憂，不能無藉於授徒之力。」〔註187〕他在仕與隱的抉擇中，必須考慮家貧親老的家庭因素，在時代動盪之際，顯然隱居授徒是奉養雙親的最佳選擇。

就傳統的孝道觀念而言，口體之養並不是養親之道，士人「居而修諸身，出而事於君，皆盡其道。」〔註188〕才是孝順雙親的表現。元季宋禧曾提到天下四大樂事，其中就包含了隱居養親之樂，他說：

> 耕桑而衣食給，力學而心志寧，父母優游於其上，家人和說於其下，
> 此四者，天下之至樂也。人之生斯世也，於是乎具其樂，豈不為幸
> 民哉？〔註189〕

宋禧並不以出仕為人生樂事之一，反而認為若要兼有上述之四大樂事，則非隱居在野不可。因為唯有如此，才能藉耕桑維持經濟生活的自足，閉戶苦讀才能求得學業增長；也唯有隱居在野，才能晨昏定省、兄友弟恭，使家庭和

〔註183〕高啓，《高青邱詩集》，〈婁江吟稿自序〉，頁1。

〔註184〕高啓，《鳧藻集》，卷一，頁23a，〈歸養堂記〉。

〔註185〕同前註。

〔註186〕參見宋禧，《庸菴集》，卷二，頁10，〈呂山人養父歌〉。

〔註187〕宋禧，前揭書，卷十一，頁5b，〈送倪叔懌序〉。

〔註188〕高啓，《鳧藻集》，卷一，頁16b，〈安晚堂記〉。

〔註189〕宋禧，《庸菴集》，卷十二，頁1a，〈送李元善序〉。

樂融融。謝肅曾讚揚夏思恭說：

> 通敏俊爽，器識不群。以孝友世其家，以耕稼養其父母，以考德問
> 業親其賢大夫。處事無難易，不適其宜不止；急人疾苦，不啻如己。
> 人或侮之，漫不與較，而其中廓如。其行能，可以仕而不仕，斯亦
> 信道之篤者歟。〔註190〕

往往在隱處鄉里時，才能真正看出士人對儒家聖賢之道的實踐。在時局動盪或鼎革之際，士人踴躍將用世之心轉化在修身、齊家之上，使雙親獲得奉養，家庭和睦，又能推己及人，成為鄉里間的行為模範，也是實踐聖賢之道的方式。

　　出於個人因素而隱逸的士人，往往在心境上比較泰然自適。選擇不仕的士人，不論其隱逸原因為忠於故國、抗拒新朝或逃避世亂，在達成隱逸心願之後，心情悲喜歌哭，各自不同。明初謝肅曾比較劉宋時的陶淵明與北宋邵雍兩種不同類型的隱逸士人，陶淵明因為身處於晉、宋易代之際，以恥仕二姓而不仕；邵雍則是天性不樂仕宦。謝肅分析兩位隱士悲樂之不同曰：

> 靖節欲為而不值可為之時，康節值可為之時而不必為。故康節之發
> 為詠歌者，皆世外無窮之樂，而靖節之發於詠歌者，皆世內無窮之
> 悲。〔註191〕

出於個人自願的隱逸士人，往往能夠很自然地順應時代變遷而無怨尤之言；以賦詩為樂的高啟，能夠歌詠明朝的統一，他在〈登金陵雨花臺望大江〉中很自然地流露出天下治平的愉悅之情，「我生幸逢聖人起南國，禍亂初平事休息。從今四海永為家，不用長江限南北。」〔註192〕相對地，懷有故國之思的士人，有用世之才卻因忠節的堅持而隱於鄉野之間，或因時局動盪而拒絕出仕，這些士人在心境上往往不如自願的隱逸那般怡然自得，常將亡國之痛發為詩詠以宣洩其抑鬱。如戴良不忘遺民的身份，「歌黍離麥秀之詩，詠剩水殘山之句」；王逢生當元末動盪之際卻對元朝深懷感情，「傷庚申之北遁，哀皇孫之見俘」〔註193〕，與自願隱逸的士人比較起來，他們以遺民自我放逐的心情徘徊於山澤之間，較少山水泉石之樂，多有時不我予的慨嘆。

〔註190〕謝肅，《密庵集》，卷五，頁 9b～10a，〈水竹居記〉。
〔註191〕謝肅，《密庵集》，卷八，頁 27a，〈書迁樵傳後〉。
〔註192〕高啟，《青邱詩集》，卷十一，〈登金陵雨花臺望大江〉，頁 414。
〔註193〕錢謙益，《列朝詩集小傳》，甲前集，〈席帽山人王逢〉，頁 54。

資料來源：顧沅輯，《吳郡五百名賢圖贊傳》（臺北：廣文書局，影印中央研究院所藏原本，民國六十七年三月）

第四章　隱逸與元末明初的江南社會

　　隱逸士人的生活，可以從元末以來盛行的詩酒宴集活動窺知一二。這種交酬頻繁的詩酒宴集，與元末以來江南地方社會的富裕是息息相關、互爲因果的。因此，在明初大力整頓江南社會風氣的影響下，隱逸士人的生活型態頗受打擊，已不復往日優游自在的情景。但詩文宴集的活動，仍可在明初的嚴肅氣氛下窺見蹤跡。此外，隱逸士人的另一項群體活動，則是以詩社、文社爲主的詩文評選，這種活動可說是元代以來士人尋求自我肯定的一種方式，其後歷經戰亂及明初的政治氣氛，士人反以沒世無聞爲尚，轉而注重自身的修養及隱逸群體間的砥礪志行。

　　優游自在地吟詠於山林之間，並非隱士生活的全部，他們不像出仕者可以領取固定的薪俸，若是沒有豐厚的家產維持生計，必須靠自己的能力換取一定的經濟來源，才得以維持生活。大部份的隱士並不是獨自過著與世隔絕的生活，志同道合的隱逸通常會維持一定的來往，以砥礪志節、偕伴共遊，使隱逸生涯更爲堅定與適性。另一方面，隱士對地方鄉里的貢獻，通常不容易從史籍上看出端倪，江南隱逸在戰亂動盪之際對地方文教的影響，也是值得注意的問題。

第一節　江南隱逸的交遊

一、玉山草堂的士人宴集活動

　　如前所述，元朝對江南社會的寬和治理，造就了許多豪富之家。喜好文藝的富豪之家，遂成爲元末士人交遊唱和之地，富而好文者，提供舒適宜人

的場地供士人宴集、優渥的資金使士人衣食無缺，而元末富室的奢靡生活更往往與士人的詩文唱和緊密相連。如松江曹雲西擅長書畫，常邀集士人宴飲。他的孫子曹幼交曾回憶當時的盛況說：

> 乃祖盛時，嘗築臺以錫塗之，月夜攜客痛飲，稱瑤臺云。其奢靡至是，蓋元氏習俗也，一鄉時惟常州倪雲林、崑山顧玉山可相伯仲也，貲富有餘而文采不足者不與焉。[註1]

可知元末江南的富豪，聚客宴集已經成為他們日常生活中頗為頻繁的社交活動，為使賓客能在山林園苑中享受宴會之樂，並展現自己雄厚的貲力，他們往往營造庭園，邀集有文名者與會。這種以富有者為主的文藝活動，往往伴隨奢靡的宴飲，在元末江南社會形成一種風尚。

江南富人在累積相當的財富之後，便以文藝相尚，提昇自己在鄉里間的地位。元末不仕之風盛行，排除科舉考試壓力的士人，更加重視自己在詩文創作上的才能，競以詩文互別高下。從這種重視時文成就的時代風氣出發，才能理解為何當時許多富商大賈亟欲與名士相接，且許多富商本身即是著名文士，顧瑛就是一個最好例證。

顧瑛，字德輝。先世為吳中宦族，十六歲即放棄舉業，經商致富，個性輕財喜事，以意氣自豪。三十歲才「刮劘舊習，更折節讀書，崇禮文儒。」[註2]在張士誠尚未渡江之前，顧瑛曾經接受元朝封職，其子顧元臣則擔任水軍副都萬戶的實銜。[註3]顧瑛在接受「武略將軍飛騎尉錢塘縣男」的虛職之後，僅以詩文「佐治軍務」，仍然感嘆「書生不解參軍事，也向船頭著戰袍」[註4]。當時各地已經盜賊蜂起，元廷所急需的是軍事將領人材，他認為自己雖有心要為國效勞，但也只能「武士森前列，儒生忝後陪」[註5]，以文墨襄助軍威而已。顧瑛不喜仕宦，面對張士誠的幾度徵召，迫不得已，只好「削髮作在家僧」[註6]，然而他的出家只是表面功夫，為的是逃避徵

〔註 1〕 葉盛，《水東日記摘抄》，頁30a。

〔註 2〕 顧瑛，《玉山逸稿》，收入王雲五主編，《叢書集成初編》（上海：上海商務印書館，民國二十五年六月，初版），〈墓誌銘〉，頁79。

〔註 3〕 「至正之季，元臣為水軍副都萬戶，仲瑛封武略將軍飛騎尉錢塘縣男。」見錢謙益，《列朝詩集小傳》，甲前集，〈顧錢塘德輝〉，頁67。

〔註 4〕 顧瑛，《玉山璞稿》，〈張仲舉待制以京中海上口號十絕附郯九成見寄，瑛以吳下時事復韻答之〉，頁1。

〔註 5〕 顧瑛，《玉山璞稿》，〈三月廿三日侍董大參巡海，早發路漕〉，頁3。

〔註 6〕 顧瑛，《玉山逸稿》，〈墓誌銘〉，頁79。

召，免於俗世的紛擾而已。

顧瑛眞正的生活重心是以玉山草堂爲主的士人唱和活動，時人通常以玉山草堂指稱顧瑛所建構的園林勝景，又稱玉山名勝。其實玉山名勝是一構思精美的中國傳統園林建築，「亭館凡二十有四，其扁書題卷，皆名公鉅卿、高人韻士口詠手書以贈」〔註7〕，除了龐大的建築群外，最名貴的是當代知名人士的題匾，象徵了主人在當時社會上的號召力。處於不仕狀態中的顧瑛，就是以玉山草堂爲活動地點，邀集各地士人遊憩賦詩，形成元末江南地區知名的雅士盛會。當時類似玉山草堂的文人遊憩庭園不少，如張經所建的良常草堂〔註8〕、琦元璞的龍門草堂、〔註9〕陳氏綠木園、瞿氏園苑、陳愛山園〔註10〕……等，卻以玉山草堂最負盛名，且有記載在玉山草堂之中名士唱和賦詩的《草堂雅集》傳世。

《草堂雅集》中收錄了當時與顧瑛詩文往還的七十位士人的作品，從中多可窺見元末江南不仕士人之間的交遊情況，如陳基的〈君住耶溪南〉寫道：

> 君住耶溪南，我住耶溪北；咫尺不知名，採蓮始相識。君愛蓮有花，
> 我愛蓮有實；花實本同根，君心勿相失。〔註11〕

此詩描寫陳基與顧瑛的相識，兩人皆對蓮花有出污泥而不染的高潔情操心懷欽羨，共以品行高潔爲處世之道互勉。

以顧瑛玉山草堂爲主的士林活動，往往展現了主人以雄貲爲後盾的盛情，這種輕財好士的風氣，可從顧瑛與倪瓚互通往來的經過看出：

> 玉山主人欲延楊鐵崖於家塾，鐵崖報曰：「必得當世清雅高潔之士如
> 倪雲林者，以一札至，即如約耳。玉山因託雲林素相識者，操舟出。
> 邀至玉山家。玉山已構別業，悉如蕭閒、清閟之制。雲林驚喜，請
> 見玉山，玉山告以鐵崖之意，欣然致書焉。自是三人相與結歡，往

〔註7〕顧瑛，《玉山逸稿》，卷二，〈補輯玉山草堂詩卷記〉，頁37。

〔註8〕錢謙益，《列朝詩集小傳》，甲前集，〈張府判經〉，頁82。

〔註9〕顧瑛，《玉山璞稿》，〈題龍門草堂圖就柬王仲立〉，頁4。

〔註10〕「勝國末，與仲瑛同時者，在姑蘇稱陳氏綠木園，在松江稱瞿氏園苑之盛，爲浙西之最。嘉興有陳愛山園，此亦較著者。」見何良俊，《何翰林集》（臺北：國立中央圖書館影印本，民國六十年六月），卷十二，頁9a，〈西園雅會集序〉。

〔註11〕顧瑛編，《草堂雅集》，《景印文淵閣四庫全書》集部308（臺北：臺灣商務印書館，民國七十五年七月，初版），卷一，頁11a～b，陳基，〈君住耶溪南〉。

　　　　來無間。〔註12〕

楊維楨欲展示自己的高潔及考驗玉山主人顧瑛的誠意，使當代雅士倪瓚被邀

至玉山草堂。顧瑛特為之預構居室，皆仿倪瓚家中蕭閒館、清閟閣建造，由

此可看出顧瑛設想之周到及財力之雄厚，遠非尋常士人所能為。

　　楊維楨、倪瓚、顧瑛三人皆不仕於張士誠，且為家中富有貲財者。楊維

禎家先世顯赫，為官宦世家之後。倪瓚曾經與人酒終為別，「以一帖餽米百石」

〔註13〕，出手甚為闊綽。他所建的清閟閣也是一處小型的士人遊憩場所，雖

然不如玉山草堂豪華，也是精心構思下的園林格局，饒介曾描述清閟閣的佈

局道：「如方塔三層，疏窗四眺，遠浦遙巒，雲霞變換，彈指萬狀。窗外巉巖

怪石，高于樓　　，皆太湖靈壁之奇。松篁蘭菊，蘢蔥交翠，風枝搖曳，涼陰

滿苔。」〔註14〕可看出倪瓚清閟閣是一三層的塔型建築，四周造景幽美。顧

瑛能夠仿造清閟閣的建築、佈景，以獲取倪瓚的傾心，除了展現了結交的誠

意外，也顯示當時士人對園林亭榭衷心喜愛的風氣。

　　元季曾參與玉山草堂聚會的士人甚多，「元季知名之士列其間者，十之八

九」〔註15〕。據陳建華在〈元末東南沿海城市文化特徵初探〉一文中指出，自

至正八年到二十年，在玉山草堂內舉行的大小集會共計有五十餘次，參加過這

類宴集活動的各類文化人共有一百四十餘人。這些集會具有時間的延續性、地

域的廣袤性、文化的多層性，其盛況超越前代曾經有過的士人聚會。〔註16〕

　　玉山草堂形成的原因，與顧瑛的個性「以能詩好禮，樂與四方賢士夫遊」

〔註17〕有關，黃潛曾描寫顧瑛經營玉山草堂的經過說：

　　　　今仲瑛以世族貴介，雅有器局，不屑仕進，而力之所及，獨喜與賢

　　　　士大夫盡其歡。〔註18〕

可見玉山草堂宴集風氣的形成，與時代風尚亦有間接關係。元末江南的不仕

〔註12〕 倪瓚，《清閟閣稿》，〈因吳國良過玉山草堂輒賦長句奉寄〉，收入《元詩選》
　　　　辛集，頁2125。

〔註13〕 陶宗儀，《輟耕錄》，卷二四，〈陳公子〉，頁347。

〔註14〕 清·顧嗣立編，《元詩選》辛集，〈雲林先生倪瓚〉，頁2091。

〔註15〕 顧瑛編，《玉山名勝集》，《景印文淵閣四庫全書》集部第308冊（臺北：臺灣
　　　　商務印書館，民國七十五年），頁1b～2a，〈四庫全書提要〉。

〔註16〕 參見陳建華，〈元末東南沿海城市文化特徵初探〉，《復旦學報》（社會科學版），
　　　　一九八八年第一期，頁34。

〔註17〕 顧瑛編，《玉山名勝集》，頁1b，元·黃潛，〈玉山名勝集原序〉。

〔註18〕 顧瑛編，《玉山名勝集》，頁1b，元·黃潛，〈玉山名勝集原序〉。

之風使士人活動的焦點轉移至以名山勝景爲主的詩文唱和，形成元末士人的風尙，「士之能爲文詞者，凡過蘇必之焉」〔註19〕，士人可在草堂隨興賦詩、飲酒：

> 之則歡意濃浹，隨興所至；羅樽俎、陳硯席，列坐而賦，分題布韻，無間賓主，仙翁釋子亦往往而在；歌行比興，長短雜體，靡所不有。〔註20〕

這種以享樂爲主的遊憩吟詠活動，么書儀在《元代文人心態》一書中強調在元代社會動盪不安的背景下，成爲儒士尋找精神寄託，並以恣意享樂爲忘卻世俗煩擾的一種手段。〔註21〕本文認爲，曾參與玉山草堂的士人幾乎盡是元季知名士人，以享樂爲忘卻世俗煩惱的唯一方法解釋此一活動，則過於以偏蓋全，且玉山草堂的全勝期在至正八年到十四年，正是江南地區最繁榮富庶之際，並非處於動盪不安的背景中，似不宜視之爲士人以恣意享樂忘卻世俗煩擾的活動。類似玉山草堂的士人活動，可說是與元末隱逸思潮並存的士人活動，他們除了從宴集活動中尋得精神寄託外，在幽雅的環境中模仿古代風雅之士的生活型態，發揮自己的詩文創作能力，使自身的價値得以實踐，這是他們在休閒生活中尋得與隱逸生活相投契的一種生活型態。

顧瑛《玉山逸稿》中紀錄玉山草堂極盛時活動的情形，士人或聚或散，一旦相聚酬唱即連綿數日之久。如至正九年玉山草堂內的碧梧翠竹堂的士人宴集，連續十日之久，士人終日飲酒賦詩，享受世外桃源一般的歡樂。他們在聚會中所作的詩文，常爲士人階層所傳誦品評，曾參與此次宴集的吳克恭，曾描述當時的盛況說：

> 己丑之歲，六月徂暑。余問津桃源，溯流玉山之下，玉山主人館余於草堂芝雲之間，日飲無不佳適者。有客自郡城至者，移□碧梧翠竹之陰，蓋堂構清美，玉山之最佳處也。集者會稽外史于立、吳龍門僧琦、瘍醫劉起、吳郡張雲、畫史從序，後至之客則聊城高晉、吳郡郯韶，玉山主人及其子衡，暨予凡十人。以杜甫氏暗水流花徑、春星帶草堂之韻，分鬮各詠言紀實。不能詩者，罰酒二兕，罰者三

〔註19〕顧瑛編，《玉山名勝集》，頁2b，元・李祁，〈玉山名勝集原序〉。

〔註20〕同前註。

〔註21〕參見么書儀，《元代文人心態》（北京：文化藝術出版社，一九九三年十月），頁250。

人，明日一人逸去，雖敗乃公意，亦蘭亭之遺意也。〔註22〕

作者吳克恭為吳中著名詩人，「詩格古澹」〔註23〕，常與倪瓚、顧瑛交遊；會稽外史于立曾學道於會稽山中，以道士的面貌遊於江湖之間；郟韶曾出仕為漕府掾吏，不慕仕進，以詩酒為樂。這次宴集活動參與者的身份包括了士人、僧人、道士、畫家、醫者，十人之中除了三人不能詩外，其餘能詩者皆在這次的盛會之中，以詩酬唱。這樣的宴集活動，仿效東晉王羲之在會稽山陰的蘭亭集會，一觴一詠的文人雅興。且隱士與僧、道、醫、宦之間交往密切，他們之間的身份界線模糊，很難明確地區分開來，表現出元末士人隱逸生活多采多姿的一面。

類似玉山草堂的士人宴集活動，在元末江南甚為風行。不同於一般世俗的宴集。士人的宴集多以詩與酒為重心，在宴飲之餘抒發自己的情懷與才性，往往得到士人同儕的稱頌與迴響。劉基在至正十四年避居會稽，曾與當地的士大夫參加一次士人宴集。主人吳以時家中牡丹盛開，招請士人到宅中賞玩，並準備酒肴宴請群士，酒後眾人皆分韻賦詩以為紀念。劉基曾記載這次士人宴集的經過，並與世俗宴集做一比較，他說：

> 余嘗見世俗之為宴集，大率以聲色為盛禮，故女樂不具，則主客莫不黯然而無歡。即夫觴酌既繁，性情交盪，男女混雜，謔浪褻侮，百不一顧。有向隅而不獲與群，則憤憤然見於色，形於辭；故始以笑傲，而終之以鬥爭。以為有人之心者，無不惡而絕之者，而世方以是為能，放曠豁達以盡主客之情，然則與禽獸奚異哉！〔註24〕

世俗的宴飲活動，以聲色之娛為主客盡歡的必備條件，與士人之間以詩文酬唱為主的宴集盛會有極大的差異。

參加士人宴集活動者多以隱居不仕的士人為主，方有閒情逸致可以消磨在詩酒之間。一旦出仕，參與這種士人宴集活動的機會自然減少許多，如陳基在元末曾到京師為經筵檢討，幾乎三四年的時間沒有參與士人的宴集活動，他曾自言其原因道：「方挈挈焉觸寒暑、犯霜露之不暇，又何由持盃酒、濡翰墨，詠歌揮灑以側諸君子之列？」〔註25〕是故，沒有仕宦煩身的顧瑛才

〔註22〕顧瑛，《玉山逸稿》，卷二，吳克恭，〈碧梧翠竹堂燕集，以暗水流花徑，春星帶草堂分韻，得星字〉，頁21。

〔註23〕錢謙益，《列朝詩集小傳》，甲前集，〈吳克恭〉，頁75。

〔註24〕劉基，《誠意伯文集》，卷五，頁116。

〔註25〕顧瑛，《玉山逸稿》，卷二，陳基，〈汎花館宴集聯句序〉，頁22。

能夠時常邀士人宴集，玉山草堂遂成為元末士人吟詠聚會之地。

顧瑛於至正十四年到至正十五年間所寫的詩都輯在《玉山璞稿》中，此時正是江南局勢動盪不安之際，蘇州城鄰近地區時有盜賊侵擾。動盪不安的局勢下，玉山草堂士人群集的景況已大不如前。至正十五年，顧瑛曾被賦予官守之責，「予以官守繫身，七十日間，草堂松菊，積雨半荒。」〔註26〕以往宴集之時分韻賦詩、飲酒作樂的情景，被局勢的動盪所干擾，許多常來往玉山草堂的士人被朝廷賦與不同的使命，若干士人則仍流連於詩酒宴集，他們的看法是：

> 今四方多壘，膺厚祿者，則當致身報效。吾輩無與於世，得從文酒
> 之樂，豈非幸然？〔註27〕

他們以與世無爭之士自擬，是故在太平安樂之世逍遙於玉山草堂的詩文宴集之中。一旦天下有事，除非被徵召不得不前往應命，否則仍可安然處於自己所構築的天地之中。

張士誠佔有江南之後，顧瑛在短暫的避難之後又回到玉山草堂，削髮為僧以避開張士誠的徵召。顧瑛玉山草堂的書畫收藏，在軍隊入城後被劫掠一空，動亂平息之後，士人們恢復聚會，「或攜肴，或攜果，共成真率之會。」〔註28〕顧瑛一身僧人裝扮，仍與諸士飲酒賦詩，希圖「忘此身於干戈之世」〔註29〕，仍舊享受昔日玉山草堂的詩酒之樂。

總之，玉山草堂形成於元末江南的富庶社會中，以豪富者的雄厚資產為後盾，支持江南士人發揮所長，士人除了詩文之外，缺乏可以令他們畢生之力去追求的目標——如科舉考試，遂以僧、道、醫、吏為託身之所，追求詩文宴集活動所帶給他們在精神上的滿足。

到了明初，江南社會歷經戰亂的洗禮，進入明朝的統治之後，江南隱逸的生活遂為之一變。明太祖用重典以治天下，使明初的江南社會呈現與元末截然不同的面貌。談遷曾提到明初社會的嚴肅氣氛：

> 聞國初嚴馭，夜無群飲，村無宵行，凡飲會口語細故輒流戍。即吾
> 邑充伍四方，至六千餘人，誠使人凜凜，言之至今心悸也。〔註30〕

〔註26〕顧瑛，《玉山璞稿》，〈至正乙未〉，頁24。
〔註27〕顧瑛，《玉山名勝集》，卷四，頁32b，秦約，〈夜集聯句詩序〉。
〔註28〕顧瑛，《玉山逸稿》，卷二，〈可詩齋口占詩〉，頁19。
〔註29〕同前註。
〔註30〕談遷，《國榷》，卷五，頁489。

談遷是杭州府海寧縣人，他所描述的明初景象，呈現出人人自危的不安氣氛，與元末的寬縱形成強烈的對比。在動輒得咎的嚴密法網之下，很多富家大族在明初的社會整頓中遭到打擊，方孝孺在〈采苓子鄭處士墓碣〉中曾述及隱士鄭濂受人誣陷的情形稱：

> 妄人誣其家與權臣財。時嚴通財黨與之誅，犯者不問實與不實，必
> 死而覆其家。當是時，浙東西巨室故家，多以罪傾其宗。〔註31〕

從鄭處士這件幾乎被誅身滅家的案件上看來，不僅尋常小民會因宴飲時的無心之言而獲罪，江南富家大族更可能因為莫須有的誣告遭到嚴厲的處分，尤其是結黨營私與餽贈財物，在明初更是被嚴厲制止。且明初因細故得罪者，多牽連甚廣，王逢記載洪武元年松江一次侵佔秋糧的案件，使九百一十二戶的人民遭到流徙之禍。〔註32〕在這種嚴密的控制與刑罰之下，使明初士人不論出仕或隱逸，都籠罩在緊張的氣氛之下，其生活自遠不如元末時的悠閒自得。

明初，踏上仕途的宋濂，曾感慨自己幾乎二十餘年未與朋友有詩酒之會，在辭官之後才得一償宿願，與胡翰、朱廉、蘇伯衡、金元鼎等友人聚會於麟溪鄭氏之家，宋濂記其事曰：

> 追記昔時各縻祿仕，不獲卮酒為驩，凡二十餘年，今者幸遂家食，
> 或居異邑，或相遠二百里，皆得與之周旋於尊俎間，則夫斯會之同，
> 豈易致哉？於是獻酬樂甚。酒酣，鄭君為詩十四韻，以慶會合之情。
>
> 〔註33〕

胡翰與朱廉都曾與修《元史》，皆不授官而歸，蘇伯衡與金元鼎拒絕明太祖的徵辟，皆以在野的身份參加此次詩酒之會。從宋濂的感慨中可以得知，昔日未仕之時，皆得與知心好友以詩文相會，入仕之後便失去了這樣的閒情逸致，益可見此次聚會之難得。宋濂辭官後的這次宴集，也是以宴飲、賦詩為活動內容，與元末士人們宴集的形式相同。

在經歷元末動亂及明初動盪之後的士人，即使能夠再度歸隱鄉里，隱士群相唱和的情景不易復得。高啟在洪武三年自京師辭官歸隱之後，就有類似的感慨，他說：

> 去年秋，余解官歸江上，故舊凋散，朋徒殆空，唯同里丁儼至恭，

〔註31〕方孝孺，《遜志齋集》，卷二二，頁39b，〈采苓子鄭處士墓碣〉。
〔註32〕參見王逢，《梧溪集》，卷六，頁50a～b，〈題涉難錄〉。
〔註33〕宋濂，《宋學士文集》，卷六七，〈鄭氏喜友堂讌集詩序〉，頁1082。

> 日抱琴與余遊。余愛其清雅和易，且能相慰于寂寞之濱，故數與燕
> 詠嘯歌，甚相樂也。〔註34〕

可見隱逸生活少不了志同道合者為伴，即使無復昔日的盛況，但能夠依然過著適性的隱居生活，仍是明初許多士人心中最大的期盼。

二、文會與詩社活動

兩宋以來，科舉盛行，士人們於彼此切磋課業的需要，組成共同研讀以準備考試的組織，稱為「課會」或「書會」。〔註35〕元代也有類似的士人活動，由於科舉競爭激烈，在考試前數個月，士人往往將自己所作的文章先經過非正式的評定，以考驗自己參加正式鄉試時的水準與能力，「文會」或「文社」就是因應廣大應考士子而設的。

元代鄉試三年一次，都在每年的八月二十日舉行。〔註36〕文會所舉辦的考試大都選在春季預先舉行，稱為「義試」，士子要攜帶自己預先寫好的文章前往參加評比。至正十年（1350）春天，嘉禾濮樂閑創立聚桂文會，為即將到來的鄉試舉辦評比考試，楊維楨曾被邀請擔任此次文社活動的評裁。與會士人共五百餘人，錄取三十人，會後將錄取者之文章彙集刊刻傳世。楊維楨曾記載這次的文社活動說：

> 有司大比之所選者，又不若師儒義試之所取為優也，何者？大比之
> 所選，僅一日之長；而義試之所取，則寬於歲月之所得也。大比開，
> 而作者或有遺珠之憾，則主司之負諸生也；義試開之，作者或無擅
> 場之手，則諸生之負主司也。嘉禾濮君樂閑為聚桂文會於家塾，東
> 南之士以文卷赴其會者凡五百餘人，所取三十人。自魁名吳毅而下，
> 其文皆足以壽諸梓而傳於世也。予與豫章李君一初實主評裁，而葛
> 君藏之、鮑君仲孚又相討議於其後。故登諸選列者，物論公之，士
> 譽榮之。〔註37〕

由楊維楨對此次士人評比活動的描述可知，文會的義試是針對科舉考試而舉行的，一樣設有主考官。楊維楨與李一初為評裁者，負責評比士人們的文章

〔註34〕高啓，《鳧藻集》，卷二，頁24a，〈送丁至恭河南省親序〉。

〔註35〕參見歐陽光，《宋元詩社研究叢稿》（廣州：廣東高等教育出版社，一九九六年九月），頁15～17。

〔註36〕《元史》，卷七一，〈選舉志一〉，頁2020。

〔註37〕楊維楨，《東維子文集》，卷六，頁4b～5a，〈聚桂文集序〉。

優劣；葛藏之與鮑恂兩人負責第二次閱卷，以免有遺珠之憾。楊維禎爲當時
公推的東南文章大家，其評選自然具有一定的公信力。鮑恂曾在至元三十年
（1293 年）、至正四年（1344 年）兩度被朝廷指派主持鄉試，有實際考評士
子的經驗。此次規模盛大的文會活動所選出的三十人，實際上已經得到一定
的肯定，楊維禎所說的「物論公之，士譽榮之」，實在一點也不爲過。

　　類似聚桂文會的士人評比活動，亦有地方官員贊助其間。楊維禎稱讚當
時贊輔文會考試的嘉禾官員稱：

> 今日之所選者莫盛於江浙。而江浙之盛，饒信爲稱首者，鄉評里校
> 之會，歲不乏絕也。今饒信之盛移於嘉禾，嘉禾之賢守長實爲集賢。
> 凌公顯務古文而崇化文士，有名世者作，不惟斯文增重，而嘉禾之
> 文風義俗，從而振焉。則文會之作，故有補於司政者不少也。〔註38〕

鄉試雖然三年舉行一次，而文會卻可以每年舉辦，除了有助於士子檢視自己
的應試能力外，也可以藉這類活動敦風化俗，增進當地的文化風氣。地方官
員贊助文會活動，既可藉此提高當地的文化水準，顯著政績，又可得到士子
的讚譽。聚桂文會錄取的士人是鄉試錄取名額的三倍，不完全模仿鄉試的原
因，也是在使更多的士人參加文會評比活動，以得到士林間的美譽。

　　至正七年的鄉試錄取率約爲千分之十四，而至正十年聚桂文會的錄取率
約爲千分之六十，爲至正七年鄉試錄取率的 4.2 倍，每年錄取率是鄉試的 12
倍以上，若是以聚桂文會的詩文評比活動視爲鄉試的模擬考試，將會失去其
在元末盛行的眞正原因。楊維禎曾說：「三吳之會爲今淮吳府也，客之所聚者
幾七千人」〔註39〕，僅蘇州府一地，在張士誠統治時期就有近七千名士人聚
集，江浙行省眾多士人中每三年僅能有十人上榜，錄取率可說是微乎其微。
是故，鄉評里校之風氣盛行，得以滿足士人在元代無法藉科舉仕進所帶來的
失落感。從參加者的踴躍來看，文會所舉行的評比活動，在士人心中的份量
並不下於眞正的科舉考試。況且，能在評比中獲選，其榮耀的程度不亞於鄉
試上榜。上榜者的文章，將被刻板發行，更是對參試士人最好的獎賞與鼓勵。
而從元末松江呂良佐舉辦的應逵文會，「走金帛聘四方能詩之士，請楊鐵崖爲
主考。試畢，鐵崖第甲乙，一時文士畢至，傾動三吳。」〔註40〕也可以看出

〔註38〕 同前註，頁 5a。
〔註39〕 楊維禎，《東維子文集》，卷八，頁 12b，〈送王公入吳序〉。
〔註40〕 何良俊，《四友齋叢說》，卷十六，頁 136。

士人對此類鄉里評選的重視，楊維禎與陸居仁從參加的七百多卷中，圈選四十卷。〔註41〕優勝者除了能獲得金、帛等物質上的獎勵外，詩文能夠在眾多與會士人中得到文章鉅公——楊維禎的青睞，會後又得鋟梓刊行，在重視詩文才氣的江南士人社會中，是一項至高無上的榮譽。

雖然物質上的獎勵並不是士人注重文會活動的主要原因，但通常文會都會準備優渥的獎賞賜給優勝者，是故文會活動主辦者以富者居多錢謙益曾記載元末詩社之會稱：

> 勝國時，法網寬大，人不必仕宦，浙中每歲有詩社，聘一二名宿如楊廉夫輩主之，宴賞最厚。饒介之分守吳中，自號醉樵，延諸文士作歌。仲簡詩擅場，居首坐，贈黃金一餅；高季迪白金三斤；楊孟載一鎰。後承平久，張洪修撰為人作一文，得五百錢。〔註42〕

可見詩會、文會的盛行，與江南士人的不仕之風有互為因果的關係。由於不仕之風的盛行，士人們轉以詩會、文會的評比活動獲取另一種形式的功名；而詩會、文會活動在元末江南的盛行，文名的肯定與優渥的獎賞，更加助長了江南不仕風氣。

詩會、文會活動除了每年定期舉行之外，還有不定期發起的，如松江呂輔之的應逵文會與饒介所舉辦的詩會。詩會、文會評比是士人取得文名的最佳途徑，此外，能獲文章大家的青睞，也是一種可遇而不可求的成名方式，元末士人即以詩文能夠得到楊維禎圈選為榮：

> 楊鐵崖至嘉禾，貝廷臣以書幣乞〈吳越兩山亭志〉，並選諸詞人題詠。楊即為命筆，稿將就，夜已過半，俄門外有剝啄聲，啟視，則皆嘉禾能詩者也。率人人持金繒，乞留選其詩。楊笑曰：「生平三尺法，亦有時以情少借，若詩文，則心欲借眼，眼不從心，未嘗敢欺當世。」遂運筆批選，止取鮑恂、張翬、顧文奕、金綱四首。謂諸人曰：「四詩猶為彼善於此，諸什尚須脫胎耳。」然被選者無一人在。諸人相目驚駭，固乞寬假，得與姓名，至有涕泣長跪者。俱揮出門外，閉關藏燭，曰：「風雅掃地矣。」〔註43〕

楊維禎是東南文章鉅公大家，常受託幫人寫書選詞，這種文學活動已超出了

〔註41〕呂良佐，〈應逵文會序〉，收入《松江府志》，卷二十四，頁59b，〈學政二〉。
〔註42〕錢謙益，《列朝詩集小傳》，甲前集，〈白羊山樵張簡〉，頁70。
〔註43〕陳田輯撰，《明詩紀事》，卷三，〈鮑恂〉，頁100。

文人之間唱答的範圍，而是以自己的文學基礎，從事帶有經濟回報的文學活動，與爲人作一文即可得到五百錢一樣，成名的士人往往能夠獲得與知名度相應的經濟回饋，如書幣、金繒等。

前述引文中未成名士人欲藉楊氏圈選而成名，可見成名詩人在當時士人群體中的地位頗高，尤其楊維禎對評選詩文不稍寬縱的態度，更使他的評選具有公信力。楊維禎圈中四人，除顧文奕生平事蹟不詳外，其餘三人皆曾中鄉舉，鮑恂且曾中元統三年（1335年）進士，可見文會所評確爲箇中魁楚。

除了以詩文評比爲目的的詩社、文會活動外，也有隱逸士人以切磋詩文爲主的結社活動，如元末周砥，字履道，不尙仕進，喜與士人唱和於山林之間，「至正末嘗客荊溪，與馬治孝常倡和成集，又來吳與高（啓）、徐（賁）輩爲社。」〔註44〕高啓原有北郭十子的詩文結社活動，周砥於至正二十年才加入這個文人社團，他們暢遊山水、鼓琴賦詩的群遊景象，與以評定詩文高下的詩社活動不同，這種以山林燕詠爲主的詩社活動，其成員多不固定，而以居住於鄰近之地的士人爲凝聚對象，高啓曾描述當時北郭詩社的形成概況：

> 余世居吳北郭，同里交善者，惟王止仲一人。十餘年來，徐幼文自
> 毗陵、高士敏自河南、唐處敬自會稽、余唐卿自永嘉、張來儀自潯
> 陽，各以故來居吳，而皆與余鄰。於是北郭之文物遂盛矣。〔註45〕

許多士人在元末動盪之際避居蘇州，與志同道合者爲伴，結廬而居，更因彼此對詩文創作的注重而形成以詠歌賦詩的士人社團，他們沒有固定的活動地點，也不是以詩酒宴集爲主要生活內容，有別於顧瑛玉山草堂的士人宴集活動。高啓曾描述北郭詩社的交遊活動說：

> 余以無事朝夕諸君間，或辯理詰義，以資其學；或賡歌酬詩，以通
> 其志；或鼓琴瑟，以宣堙滯之懷；或陳几筵，以合宴樂之好。雖喪
> 亂之方殷，處隱約之既久，而優游怡愉，莫不自有所得也。〔註46〕

從這段敘述中可知，江南士人隱逸之風相沿甚久，即使面臨時勢動盪，江南地區仍然維持較爲平靜的局面，提供士人優游唱和的隱逸環境。在野士人的生活是多采多姿的，並不因爲無法入仕取得功名而限制了他們與其他士人的交遊活動，相反地，此時士林間的名望多由詩文評比而來，隱逸士人的聲望

〔註44〕張昶，《吳中人物志》，卷九，頁16b，〈周砥傳〉。
〔註45〕張昶，前揭書，頁5a～b，〈送唐處敬序〉。
〔註46〕高啓，《鳧藻集》，卷九，頁5b，〈送唐處敬序〉。

並不亞於出仕者，高啓曾描述與周砥結社吟詩時的情景說：

> 履道每棄扁舟訪余，至則流連累日。余與之緣崖溯澗，搜覽無厭。
> 一日，雨霽鳥鳴，春木陰翳，余邀履道坐磐石，命諸生行觴鼓琴，
> 酒酣，履道起歌其詩數章。〔註47〕

周砥與馬治將兩人唱和之詩篇彙成一集，名曰《荊南唱和集》，希望將兩人在山林間所賦詩作流傳後世。周砥希望高啓爲他們的唱和集寫序，其所持的理由爲：「恐無以稱列於後，苟得片辭之傳，使吾名因而自見，亦可以少無憾矣。」〔註48〕則隱逸士人從事詩文創作，除了抒發士人心中的感觸外，能夠藉以留名萬世，讓後人睹其詩文而想見其人，相對於出仕以揚名顯親，亦是一種無形生命的延續。

值得注意的是，這種士人間詩文唱和的結社活動，在元末戰亂之後已不復多見。洪武五年貝瓊與二、三名士人讀書研習，因酷熱難當，「一座四遷」，不由得回想起元末兵燹未起時的讀書之樂，「有林藪之美，池臺之勝，可以避暑，而遊士寓公咸會於此，相與窮日夜爲樂。及兵燹之後，所至成墟，海內忘形，半爲異物。」〔註49〕可見明初雖然天下已定，與元末士人幽雅的讀書環境仍不能相比。不僅士人藏身之所受到破壞，士人本身也遭受戰亂之故，或流離失所，或遇難身亡。高啓曾描述詩社成員在戰亂中的處境，「履道客會稽，竟卒於兵。余亦遭亂奔走，不遑啓處。」〔註50〕士人群聚相遊的盛況，與山林池臺之美同遭兵火破壞，已不復往日交遊頻繁的盛況。加上明初江南的士人結社活動，又受到政治力量的打擊，士人常遭流徙或貶抑，以致「詩社瓦解、詩派式微」〔註51〕，士風爲之驟變。如北郭十子中的宋克，在元末之世，意氣風發，喜擊劍爲任俠，入明後卻「刮磨豪習，隱然自將，履藏器之節。」〔註52〕王行在元末與北郭諸子唱遊甚歡，入明後謝絕碑、銘、序、記之作，鑽研於佛道之中，「自謂澹如居士，眞再世人邪！」〔註53〕政治環境的影響，使明初江南隱逸的自我期許與生活態度亦爲之一變。

〔註47〕高啓，《鳧藻集》，卷二，頁 13a，〈荊南唱和集後序〉。
〔註48〕同前註，頁 13b。
〔註49〕貝瓊，《清江詩集》，卷九，頁 6b～7a，〈壬子夏端居二湖〉。
〔註50〕高啓，《鳧藻集》，卷二，頁 13a，〈荊南唱和集後序〉。
〔註51〕陳建華，〈明初政治與吳中詩歌的感傷情調〉，頁 10。
〔註52〕高啓，《鳧藻集》，卷四，頁 3a，〈南宮生傳〉。
〔註53〕王行，《半軒集》，半軒集方外補遺，頁 3a，杜瓊，〈王半軒傳〉。

第二節　江南隱逸的生活與貢獻

一、隱逸的經濟活動與日常生活

　　洪武五年，貝瓊曾與孔子五十五世孫孔正夫相交遊，孔正夫曾登至正八年（1348）進士第，授將仕郎、建德錄事，三遷至永嘉尹。築室於崑山之麓，題之曰：「迂隱」，至老隱居不仕。〔註54〕貝瓊曾稱許孔正夫的隱逸生活說：

> 日放浪佳山水間，麀豕之與遊，猿鶴之與儔，是非兩忘，榮辱一致，
>
> 其視天下之士豈不獨高也與。〔註55〕

　　貝瓊於洪武三年被薦修《元史》辭歸之後，直到洪武六年任國子助教期間，是處於不仕的狀態，他欣賞孔正夫這種高蹈遠引的隱逸生活，認爲是士人的最高境界。貝瓊所述孔正夫的隱逸生活幾近於與世隔絕，脫離了俗世一切事務，甚至沒有群相唱和之友，唯有山水、猿鶴與之爲伍。即使這樣的描述是眞實的狀況，也不能代表所有的隱士都是以這樣的方式生活，畢竟，士人們必須依靠一定的經濟來源，才能維持優遊無慮的隱逸生活。

　　有些隱逸士人斷絕了與世俗權貴的往來，很難從外界獲得經濟支助，在不以出仕爲獲得經濟來源的前提下，許多士人便親自務農以維持生計。耕讀生活在士大夫傳統中淵源已久，貧士且耕且讀爲業，常受到世人的讚許。隱逸士人中以躬耕自給的甚多，如曾任元末平江教授的鮑恂，入明後隱居不仕，以「耕桑自樂」〔註56〕。崑山人顧愚，「凡四十年不至城府，躬耕自食，志在養高；時人以隱者稱之。」〔註57〕都是以農耕爲自給自足之道，過著隱居讀書、與世無爭的生活。

　　也有士人以種菜爲維持生計的方式，如錢塘潘時雍，隱居城門東側，於屋旁整治菜圃，引泉水入渠道灌漑菜圃，自號「灌園生」〔註58〕，「勞焉而後食，身執其役以給朝夕之費，二親無戚戚之憂，萊妻有同志之驩。」〔註59〕在隱居種菜之餘，亦不忘作詩、書法，不僅自己能夠專心向學，也使得家庭和樂融洽，雙親得到奉養，可說已經兼得隱逸生活的四大樂事，即「耕桑而

〔註54〕參見貝瓊，《清江文集》，卷一，頁 13b，〈迂隱菴記〉。

〔註55〕同前註，頁 14b。

〔註56〕陳田，《明詩紀事》，卷三，〈鮑恂〉，頁 100。

〔註57〕張昶，《吳中人物志》，卷九，〈顧愚傳〉，頁 22a～b。

〔註58〕徐象梅，《兩浙名賢錄》，卷四十四，頁 48b，〈潘時雍傳〉。

〔註59〕貝瓊，《清江詩集》，卷一，頁 16a，〈灌園賦〉。

衣食給，力學而心志寧，父母優游於其上，家人和說於其下」，這種澹泊無爭的隱逸生活，比起出仕以牟取富貴榮寵者，更能享受家居生活與追求學問的樂趣。

　　除了以耕桑為生活的經濟來源外，有些隱逸士人以教學為生，如謝璚樹，「隱居教授，以樂其志。家無儲粟，不為愁苦無聊之言。」〔註60〕元朝本來就鼓勵非儒戶而願從學者，希望他們「自備束修，從教授讀書，修習儒業。」〔註61〕因此，學有專精的士人往往受到士子的重視，如餘姚黃珏，他鑽研《尚書》，甚有心得，「郡邑鉅室爭致先生為師席，遂教授者餘四十年。」〔註62〕富家大族送弟子入學研習《尚書》，無非希望能在鄉闈考試中獲益，黃珏雖因屢試不第而絕意仕途，卻也因教授生徒而能維持其隱逸生活。

　　元季知名士人如楊維禎，門下弟子甚多，至正十九年江浙省試放榜，楊維禎門下弟子上榜者即有三人，其中兩人為色目人。〔註63〕可見其門下弟子人數眾多，聲名所及，漢人以外的其餘種族皆以受學於其門下為榮。除了拜他為師研習與科舉考試有關的科目外，部份士人也跟他學習作詩。楊維禎曾自言：「吾鐵門稱能詩者，南北凡百餘人。」〔註64〕門生遍及天下，英才輩出。如張憲、貝瓊，楊維禎稱讚張憲「獨能古樂府」〔註65〕，貝瓊則「學其所長不學其所短」〔註66〕。致送束脩之資，為自古以來士人拜師，向學時不可或缺的禮數，擁有眾多門徒的隱逸士人，除了從教授弟子收取束脩外，還可以在傳道解惑的過程中砥礪學問與志節。

　　此外，隱逸士人也以詩文創作換取金錢的酬報。在文學造詣得到重視的時代中，富人往往不惜代價向知名士人求文，潤筆之資往往頗為可觀。如明初天下太平之時，「張洪修撰為人作一文，得五百錢」，張洪是常熟人，永樂年間曾任翰林院修撰之職。〔註67〕作一文可得五百錢，則文章的價值甚高；楊維禎至嘉禾，貝瓊曾以書幣為潤筆費請他寫一篇〈吳越兩山亭志〉，並圈選

〔註60〕錢謙益，《列朝詩集小傳》，甲前集，〈謝璚樹〉，頁144。

〔註61〕不著撰人，《廟學典禮》，卷一，〈歲貢儒吏〉，頁17。

〔註62〕謝肅，《密庵集》，卷八，頁17a，〈黃公墓誌銘〉。

〔註63〕楊維禎，《東維子集》，卷一，頁11a，〈送三士會試京師序〉。

〔註64〕《新元史》，卷二三八，頁11a，〈張憲傳〉。

〔註65〕張憲，《玉笥集》，頁2a，〈四庫全書提要〉。

〔註66〕貝瓊，《清江詩集》，頁2a，〈清江詩集提要〉。

〔註67〕參見顧沅輯，《吳郡五百名賢圖贊傳》（臺北：廣文書局，影印中央研究院所藏原本，民國六十七年三月），卷四，頁188。

諸詞人題詠。可見，除了寫文章可得到潤筆之酬外，圈選詩文亦可得到報酬。
楊維禎爲東南文章鉅公，能得到他的青睞，是詩文得到肯定的最好途徑。因
此，士人在請求楊維禎評選自己的詩文時，都會奉上重酬。〔註68〕

　　元末許多富豪在累積龐大的財富之後，轉而追求高尚典雅的生活，富而好
文遂成爲當時江南的普遍現象，知名士人往往受到富豪重金延聘，如王行爲當
時著名的天才型士人，即被貲雄於當世的富豪沈萬三禮聘於家塾，王行「每成
章，輒償白金以鎰」〔註69〕。饒介在吳中之時，喜歡延攬眾文士賦詩，「仲簡
詩擅場，居首坐，贈黃金一餅；高季迪白金三斤；楊孟載一鎰。」〔註70〕賞金
都很優渥。由此可見，隱逸士人紛以追求詩文造詣爲高，當時重視文藝的社會
風尚也有推波助瀾的作用。

　　顧瑛玉山草堂的士人宴集活動，也是在這樣的社會風氣下形成的。在幽
雅的園林、宜人的山水中，富而好文藝者與眾多才情卓逸的士人在琴酒宴集
的愉悅氣氛下，追求超脫世間紛擾的精神滿足。元明之際的士人陶宗儀在他
的《輟耕錄》中，記載頗多富豪與文士之間的日常交遊活動，如富人顧仲庸，
「以財雄一鄉，倜儻好義，有古俠士風，自奉甚薄，而禮賢養士無虛日，名
公鉅儒多館其家。」〔註71〕在〈王一山〉條中，記載杭州巨室怙財挾勢，虐
害良善因而遭官府通緝，士人王一山平日雅與其相善，藏之於家近月才被發
覺，〔註72〕展現了士人與富豪間深厚的友朋情誼。〈解盃語〉條中記載至正二
十年秋天，在松江夏氏清樾堂園林的一次士人宴集活動，「酒半，折正開荷花，
置小金卮於其中，命歌姬捧以行酒」〔註73〕，可以看出富人以雄貲爲後盾所
鋪張出的奢華景象。富室與士人的日常交遊活動，除了提供隱逸士人發揮才
藝的機會外，也提供經濟上的援助以支應其生活所需。如與倪瓚、顧瑛齊名，
富豪盛極一時的曹知白，「尤篤於友義，若文士許應元、李沖、劉世賢，詩僧
崇古，生則飲食之，死則爲治喪葬，罔不曲盡其情焉。」〔註74〕富室對士人
提供生活上的照應，使士人免除經濟的壓力，更能安心於隱逸生涯的詩文創

〔註68〕參見陳田輯撰，《明詩紀事》，卷三，〈鮑恂〉，頁100。
〔註69〕王行，《半軒集》，半軒集方外補遺，頁2a，杜瓊，〈王半軒傳〉。
〔註70〕錢謙益，《列朝詩集小傳》，甲前集，〈白羊山樵張簡〉，頁70。
〔註71〕陶宗儀，《輟耕錄》，卷二四，〈倜儻好義〉，頁350。
〔註72〕陶宗儀，前揭書，卷二四，〈王一山〉，頁352～353。
〔註73〕陶宗儀，前揭書，卷二八，〈解盃語〉，頁436。
〔註74〕貢師泰，《玩齋集》，卷十，頁16b，〈貞素先生墓誌銘〉。

作。

　　由於隱逸士人在地方上的交遊活動頻繁，且能以詩文評議地方事務、臧否人物得失，多成為地方官員採訪庶政得失的借鏡。因此，地方官員亦頗多與隱逸士人交遊者。如《輟耕錄》的〈待士鄙吝〉中記載：

> 嘉興林叔大（鏞）據江浙行省時，貪墨鄙吝，然頗交接名流，以沽
> 美譽，其於達官顯宦，則刲羔殺豕，品饌甚盛，若士夫君子，不過
> 素湯餅而已。一日，延黃大癡作畫，多士畢集。〔註75〕

黃大癡即為黃公望，歸隱西湖之上，為當時著名畫家。從這段記載中可以得知，在野士人與達官顯宦皆為地方上的「名流」，苟待士人，將被時論所抨擊。在禮遇士人的風氣之下，貴為江浙行省參政的地方大吏，也會與一介「布衣相與倡和流布人間」〔註76〕；而張士誠據有江南之時，才會以禮賢下士的方式博取美譽。

　　部份士人不願與權勢富貴者接觸，在迫於生計的壓力下，以其他的方式謀生。如隱居於山陰的朱善之，祖先曾為會稽太守，以入山伐木維持生計：

> 昔日會稽朱太守，至今孫子住山陰，家聲不恥為樵者，書卷還存濟
> 世心，山入雪寒看虎跡，屋連夏木聽鶯吟，逢時衣繡非難事，苦學
> 何愁歲月侵。〔註77〕

自古隱逸中即有「樵隱」的傳統，其姓名事蹟多不可考。朱善之身為仕宦之後而以樵木為業，是生不逢時的權變作法。隱逸士人以各種不同的方式維持生計，卻都能不忘儒生本業。如宋禧《庸菴集》中所記載的一位餘姚地方的鮑生，他「每日即蚤起，從其父處北市藥肆，終日治生事，夜則歸其室讀孔孟書不倦。」〔註78〕吳郡蔡彥祥曾經出仕，但顧及家中老母有待奉養，遂以打漁為業隱居於吳松江畔，自題居室為「漁舍」，「漁於書以求其理，漁於水以求其物；求其物所以養其親，求其理所以顯其親。」〔註79〕餘姚蔡山人，則以卜算為業：

> 蚤習進士業，試不利即委分田野而無競於時，非自知其命者歟？中
> 年艱於生事，乃以五行書推人生年月日所直日辰，而有以勸之。於

〔註75〕陶宗儀，《輟耕錄》，卷二四，〈待士鄙吝〉，頁346～347。
〔註76〕參見楊維禎，《東維子集》，卷一，頁2a～b，〈李參政倡和詩序〉。
〔註77〕宋禧，《庸菴集》，卷五，頁14a，〈為山陰朱善之賦三山樵隱〉。
〔註78〕宋禧，《庸菴集》，卷四，頁10a，〈題煮石山房〉。
〔註79〕王行，《半軒集》，卷三，頁8a～b，〈吳松漁舍記〉。

其富貴者，勸其不溢不危；於其貧賤者，勸其不謟不濫。〔註80〕

蔡山人因科舉不利而隱居於鄉野，卻在中年之時遭遇生活困窘，不得不以算命爲謀生方式。觀其勸誡一般平民趨吉避凶的道理，都是從儒家傳統中「富貴不能淫，貧賤不能移」的修身處世之道出發，也算是一種以儒生本業服務人群的謀生方式。益可見很多士人隱居之後，並非過著閒居的生活，他們不僅肩負起家中的經濟重任，同時，而且仍堅持其儒生本色。隱士生涯並非都能一帆風順，士人失去了以仕宦爲謀求生計的出路之後，要以各種技能維持生活的安穩。

有些隱逸士人遭遇生活窘境，不得不靠變賣收藏品過活，如紫芝山人：

紫芝山人有青田種瓜之志而未得其所，五口之家無一夕之儲，不知造物者將何處之也。今慕義而遊，將以石刻集王右軍書墨本售凡好事者。〔註81〕

因此，隱逸士人的處境各異，既非完全棄絕人世一切是非紛擾，亦不盡是悠閒安逸的山林生活。反之，正因爲隱逸士人刻意避免踏上仕途，使儒生本身的才能無法藉仕宦取得經濟生活的保障，他們必須以不同的方式以維持溫飽，才能遂其東籬之志。

二、隱逸與地方文教發展的關係

隱居鄉里的隱逸士人，以追求聖賢學問爲宗旨，成爲地方上擁有古典知識的一群人，他們沒有官職繫身，反而更有餘裕親身實踐古聖先賢之嘉言懿行。高啓曾在〈送徐先生歸嚴陵序〉中指出，讓士人能夠自由地選擇回歸鄉里，是一種順人情、厚民俗的施政態度。〔註82〕從這種重視地方教化的角度出發，高啓認爲並不一定要使隱者之廬皆空、天下無隱者，才是治理國家的最好方式。反之，隱士在鄉里間有他們的作用，使部份不欲出仕的士人隱居在野，是在上位者敦厚民俗的方式之一。徐大年曾被召修《元史》，事竣之後辭歸鄉里，高啓在〈送徐先生歸嚴陵序〉中，對徐大年的歸隱鄉里，以「必能著書立言以淑諸人，詠歌賦詩以揚聖澤」〔註83〕期許，因此，隱逸士人立身於地方社會，多以佐治文教自期。

〔註80〕王行，前揭書，卷十三，頁 10b～11a，〈贈蔡山人序〉。
〔註81〕王行，前揭書，卷五，頁 1b，〈贈紫芝山人〉。
〔註82〕參見高啓，《鳧藻集》，卷二，頁 18b～20b，〈送徐先生歸嚴陵序〉。
〔註83〕同前註，頁 20a。

　　再者，這種不汲汲於祿仕的表現，使地方上瀰漫「崇退讓而息躁進」之風，亦可矯正元末以來的士風。元末部份士人在入仕之途狹窄的情況下，往往「夤緣阿附，輒竊仕祿」〔註84〕，形成不擇手段追求仕進的不良風氣，楊維禎曾描述元末士人汲汲於功名利祿的另一面相：

> 士有學周孔之藝者，不幸不薦于有司，而其志不甘與齊民同耕稼，
> 則思自致於京師。不幸其藝又不偶，始不免資小道、干王侯，以冀
> 萬一之遇者，十恆八九。〔註85〕

從這段敘述中可知，許多士人無法由科舉入仕，又不甘於耕桑自給，遂群聚於京師以才能自薦，甚至以旁門左道以干祿仕。這股士人躁進的風尚與不仕之風赫然並存，使元末隱逸士人的德行格外令世人重視。

　　元末明初的不仕之風蔚成一股清流，卻與明初的政治環境格格不入。明太祖對隱士的看法，認為「寰中士夫不為君用，是外其教者」，將他們視為國家法令之外的不教之民，實與士人對隱逸的看法差距甚遠。楊基曾在元末歸隱於吳郡赤山之中，自號眉菴，他以眉自號是因為眉毛對人沒有實際上的功效，高啟在〈跋眉菴記〉中，把眉毛與隱士的功能類比而論，說：

> 眉安於其上，雖無有為之事，而實瞻望之所趨焉，其有類乎君子
> 矣。世方以僕僕為忠，察察為智，安重而為國之望者，則以為無
> 用。〔註86〕

則眉毛雖然對人身沒有實際的作用，卻是端詳一個人的面貌時必然瞻望之處，缺少眉毛，一個人的面貌將失去端莊。隱士的作用類似眉毛，雖然不能為治民之事效勞、不能奉獻自己的智能為在上位者所用，但隱士的存在，可以使風俗樸實淳厚，其潛在作用不可謂不大。

　　除了敦厚風俗的潛在作用之外，隱逸從事教育活動是對地方文教發展比較顯而易見的具體貢獻。如王行曾為江南富豪沈萬三的家塾老師，又曾教導長洲富室沈達卿的子弟，他曾記述弟子在私塾內的讀書情形說：

> 長洲沈達卿予友也，志於教孫，其子伯凝也，勤於教子。從予遊者，
> 曰程、曰巽、曰衡，所謂孫若子也。結樓面陽，窗明几淨，講習之
> 所也。朝而琅然，夕而泠然，高下抑揚，詠歌諷誦，諸生之讀書也。

〔註84〕《明史》，卷七十，〈選舉志二〉，頁1695。
〔註85〕楊維禎，《東維子文集》，卷八，頁14b，〈送于師尹將京師序〉。
〔註86〕高啟，《鳧藻集》，卷四，頁20a～b，〈跋眉菴記後〉。

過之者莫不聳然駐聽曰：「佳哉聲乎！」〔註87〕

沈達卿禮聘王行為他三個子孫的家塾老師，結樓作為講習之所。王行以不仕的身份專力於授徒講學，誦讀之聲傳遍鄉里，成為地方百姓駐足景仰的模範。華亭的邵天驥，自號翠巖處士，見鄉里之人以利為重，欲使之知孝悌忠信之義，遂於所居之旁建義塾，出錢延請知名之士教導里中俊秀子弟。〔註88〕

　　元季許多儒生隱居鄉里，以講學授徒為業。元明之際的陳謨，以講學聞名於江西、廣東一帶，時人尊稱「海桑先生」〔註89〕；被稱為「林泉民」的張樞隱居華亭之城東門，「日與子弟數十人講春秋」〔註90〕；鮑恂於洪武中，「與貝清江、程柳莊結社講道，學者稱西溪先生。」〔註91〕隱逸從事地方講學活動，對學術在士林之中的傳播與延續有相當的影響。

　　隱逸士人更直接的貢獻是教導有志於學的地方士子。如徐禹疇，元末隱居鄉里，講學授徒五十餘年，「弟子有三世從之者」〔註92〕，其兄徐禹圭亦從事隱居教授的工作。這種長時期在地方上授徒講學的隱逸士人，使有心向學者不必跋涉千里，能夠就近受學。如隱居餘姚郡城北郭的郭元秉，以賣藥所得奉養老母，「且聚子姪輩教之，通經學古是務，里中子弟知問學者，亦皆受業於其門。」〔註93〕郭元秉授業的對象，包括家族中的子姪輩及鄉里中有心向學的子弟，甚至包括當地太守的公子盧修文在內。元世至顯宦者多為公卿子弟居多，官宦子弟從學問道，可以使「他日事君而無所欺，治民而無所病」〔註94〕，如華亭焦伯誠，貫通五經，「鄉試、會試、聘典文衡，皆辭疾不起；教授於鄉，門人類多顯宦。」〔註95〕則隱逸在鄉里的講學活動，往往使無意仕進的隱逸士人，造就出許多優秀的人才，對國家培養人才亦不無貢獻。

　　從事鄉里講學活動，除了能夠間接培養治民良才外，對促進社會教化也有相當的助益。如隱居於光福山中的徐達左，「躬行孝悌，以身率教其族之子

〔註87〕王行，《半軒集》，卷四，頁5a～b，〈佳聲樓記〉。
〔註88〕《松江府志》，卷二十四，頁58b～59a，黃潛，〈義塾記〉。
〔註89〕參見林麗月，〈讀《海桑集》～論元明之際陳謨（1305～1400）的出處及後世評價〉，頁5～7。
〔註90〕貝瓊，《清江文集》，卷二，頁10a，〈林泉民傳〉。
〔註91〕陳田輯撰，《明詩紀事》，卷三，〈鮑恂〉，頁100。
〔註92〕徐象梅，《兩浙名賢錄》，卷四四，頁31a，〈徐禹疇傳〉。
〔註93〕宋禧，《庸菴集》，卷十一，頁8a，〈送盧修文序〉。
〔註94〕同前註，頁9a。
〔註95〕《松江府志》，卷四十二，頁19a，〈焦伯誠傳〉。

弟，講論禮樂，彬彬揖讓。」〔註 96〕這種教化鄉里的作用，在戰亂之際更顯其功效，如韓性「規置田若干畝爲義莊以收族人，建義塾以教子弟」，使「一門孝友，見於風俗既壞之餘，卓然爲東南望。」〔註 97〕有的隱逸士人在教授弟子之餘，還編纂古聖先賢裨益風俗的言教成書，如沈易「嘗患世學者不篤根本，爲集古賢者詩有關倫理者，彙爲五倫集，俾學者吟詠。」〔註 98〕以達到維護風教的目的。

其實，從事地方講學的隱逸士人，往往能夠兼顧人才培養與敦厚風俗。如元、明皆不仕，僅在晚年被迫委以學校教官之職〔註 99〕的陶宗儀，一生大部份時光處於隱逸狀態，以著書教授爲業。生平著書多至一百餘卷，宋濂曾稱讚他對地方教化的卓越貢獻道：

> 九成之歸也，結廬涇泗之上，日作 比，橫經而講肆之。子弟從之
> 者，皆知所以孝弟忠信；出而事君，又皆能致其身之義。〔註 100〕

陶宗儀於元末避兵於三吳，元朝及張士誠皆曾禮聘之，他都加以婉拒。洪武四年、六年有司薦舉人才，亦皆及宗儀，他都引疾不赴，可謂心不在仕宦。在歸隱江南之後，致力於教育人才、移風易俗，授業之餘，輔以著書立教。著有《輟耕錄》三十卷，至正二十六年（1366），友人孫作爲之序曰：「論議抑揚，有傷今慨古之思；鋪張盛美，爲忠臣孝子之勸。文章制度，不辯而明；擬以根據，可覽而悉。」〔註 101〕類此致力於著書講學的隱逸，對鼎革之際文化傳統的延續實大有貢獻。

〔註 96〕張昶，《吳中人物志》，卷六，頁 18a，〈徐達左傳〉。
〔註 97〕貝瓊，《清江文集》，卷三十，頁 14a，〈故韓處士碣銘〉。
〔註 98〕《松江府志》，卷四十二，頁 16b，〈沈易傳〉。
〔註 99〕「晚歲，有司聘爲教官，非其志也。」見《明史》，卷二八五，〈陶宗儀傳〉，頁 7325。
〔註 100〕宋濂，《宋學士文集》，卷十八，頁 349，〈送陶九成辭官歸華亭序〉。
〔註 101〕孫作，〈輟耕錄敍〉，收入陶宗儀，《輟耕錄》，頁 1。

第五章　結　論

　　本文從元末以來江南地區的社會經濟背景，探討明初江南士人多不仕的幾個重要脈絡。首先，就士人的處境而言，明初的江南隱逸歷經了元朝及張士誠的政權轉替，而蒙元及張周政權都對士人階層極為禮遇，雖然元朝並未開放寬廣的入仕途徑，卻廣建學校、書院等措施，優免儒戶的賦稅負擔，使士人能夠在學術、文章上安身立命，誠如錢穆所說的，「有屋有書，有田可耕，有山可藏。」〔註1〕其物業生活，遠非尋常百姓可比。而汲汲於仕進者，反而受限於元朝任官輕視南人而無法有所作為，只能屈居副官、掾吏的職位，與儒家賦予士人經世濟民的職責相去甚遠。隱居在野，反而有更大的空間可以發揮淑世的理念，從修身、齊家的角度出發，而以文章、學術為傳授知識的工具，可以使鄉里瀰漫一片敦厚之風，間接導正了元世部份士人躁進的不良風氣。張士誠統治江南期間，承襲了元代優禮士人的傳統，更開放了許多官職提供士人施展抱負，卻因所用非人及反覆無常的政治態度，使得有志之士反而刻意與之保持距離。因此，元世以來的不仕之風並未因為張士誠的入主江南而有太大的改變。

　　就江南地區的經濟背景而論，在元代寬鬆的法令與輕徭薄賦的治理下，江南地區的富庶之家比比皆是，他們在累積相當的財富之後，競相追求古典詩文的藝術境界，以蒐集名士的詩、畫、翰墨為提昇自身名望的途徑，使這個時代充滿富而好文的藝文創作活動。許多富室本身即為著名文士，並以自己的財力為後盾，極力營造適合士人文藝活動的環境，提供隱逸士人發揮才

〔註 1〕錢穆，〈讀明初開國諸臣詩文集〉，頁 49。

能的優良環境，更助長了不仕之風。張士誠統治底下的江南地區，在經過短暫的動盪之後，經濟環境並未遭受重大的破壞，且在長年治平之下，成為當時士人隱居避難之地，再加上張士誠本身優禮士人的作風，因此，元世以來的士人隱居不出的生活仍能繼續維持。

明太祖開國後，以嚴刑重法矯正元末寬縱的社會風氣，並刻意削弱江南地區的經濟勢力，使元末以來具有影響力的富家大族，多因遷徙或罪懲而失去了原有的地位與財富，江南士人優游自在的生活型態因之大受影響。雖然明太祖極力網羅山林隱逸，但是明初動輒得咎的政治情勢，使出仕者多不獲善終，反而助長了元末以來的不仕之風，此時的隱逸轉以沒世無聞為避害禍遠之方，不再以交酬唱和為日常生活的重心。

避害遠禍只是明初隱逸的原因之一，並無法涵蓋所有士人的隱逸因素。本文對明初隱逸的原因分析可知，以遺民自居的忠節觀念，在明初士人之中也是深具影響力的一項因素。仕於兩朝的士人，其心中是充滿不安與焦慮的，且會受到時人進退無據的質疑。如以元朝學士的身份仕明為侍講學士的張以寧，當時人甚為鄙視他的行徑，將他的〈焦磯廟題壁〉詩中的「神雞不逐雲山去，啼殺清秋月滿山」一句，改成「神雞忍逐雲山去，羞殺清秋月滿山」〔註 2〕，可以看出當時那些更仕貳朝的士人的負面評價。重視出處的態度，在元末張士誠佔有江南之際已經存在，陳基雖然出仕張士誠，但是堅決反對張氏獨立稱王，其心仍然向元，被顧瑛列為所輯《草堂雅集》卷首的第一人，其重視出處的態度在當時受到較高的評價，與周伯琦甘受張士誠祿養、樂而忘蜀，不講究出處的態度相比，顯然陳基較受當時士人的稱許。

元末的隱逸之風其來有自，原因複雜，但是從元明之際不仕者的傳記中，已經找不出因為種族因素而不仕的成分，可以推知，漢族的復興對明初士人的號召力並不如後世想像的那般強烈，明太祖亦肯定元朝治理中國的貢獻，「元人入主中國，百年之內，生齒甚繁，家給人足，朕之祖先亦預享其太平。」〔註 3〕他更強調是因為元末君主晏安、臣下跋扈、國用不經、徵斂日促等，才造成元末盜賊蜂起的動盪局勢。朱元璋認為他是「取天下於群雄，非取天下於元氏」〔註 4〕，此語等於否定了明代元是基於種族革命的說法，相反地，他

〔註 2〕見陳田，《明詩紀事》，甲籤，卷三，〈張以寧‧焦磯廟題壁〉，頁107～108。
〔註 3〕谷應泰，《明史記事本末》，卷十，〈故元遺兵〉，頁130。
〔註 4〕同前註。

是以弭平亂局、開創太平者自居。總之，明初在上位者與隱逸不仕者都不是
以種族主義爲出發點來考慮仕與隱的問題。明太祖對明初士人多不仕的現象
亦是百思不得其解，他曾在洪武元年的求賢詔中反覆思量此一問題的根源，
說：「懷才抱德之士，尚多隱於巖穴。豈有司失於敦勸歟？朝廷之疏於禮待歟？
抑朕寡昧不足以致賢歟？將在位者壅蔽，使賢者不上達歟？」〔註5〕明太祖提
出四個有可能導致明初士人不仕的原因，只是針對朝廷待士的措施來檢討，
並不涉及任何有關種族的因素。

　　錢穆從民族大義及夷夏觀念來評論明初士人不忘故元，認爲「當時金陵
諸儒，若僅知有文章，不知有國家之興亡，與民族夷夏之判。而其言文章，
則又僅知有元之傳統而已。不知新朝將興，亦且此諸儒亦已身仕新朝，而其
心中筆下曾不一及，豈不可怪之甚乎？」〔註6〕夷夏之別的民族觀念，在元明
易代之際相當淡薄，今人從民族大義的立場指責明初士人急於湧退的不仕態
度，似與當時士人的心境相去甚遠。本文從元末江南的社會情況與經濟背景
出發，考察其歷史發展的脈絡可知，明初士人在元末不仕之風的濡染下，早
已存有一股隱逸思潮，這種時代風氣，既不是由胡元入主中國而起，也不會
因爲異族王朝的敗亡而頓消。

　　再者，從明太祖洪武元年的求賢詔中可以看出，明太祖即位之初即已感
受到元末不仕之風存在的事實，然則明初文人多不仕與明太祖用重典治天下
之間的關聯性實值得加以深思：明初出仕者罕有善終的情況，是在明太祖開
國之後才出現的情形，〔註7〕葉伯巨於洪武九年對明太祖用人之道提出諍言，
也是針對明初開國之後任用官吏不當及用刑過濫的情形提出意見。而元末隱
逸之風在洪武元年明太祖所下的求賢詔中顯示出是存在已久的現象。因此，
我們不能將「明初文人多不仕」都歸因於明太祖用重典對待士人，只能將明
初的嚴刑酷罰視爲強化元末以來不仕之風的一個重要因素。

　　在元末隱逸之風影響下，不僅造成許多士人不樂仕宦，也使得許多在朝
爲官者心中常有退隱的念頭。如蘇伯衡爲鄭宜中所寫的〈遂初堂記〉中，記
述鄭宜中身在官場心在山林的心境，「得意功名之途，而退休家林之心未嘗一

〔註5〕《明太祖實錄》，卷三十五，頁2a～b，〈洪武元年九月癸亥〉。
〔註6〕錢穆，〈讀明初開國諸臣詩文集〉，頁12。
〔註7〕「洪武間，秀才做官，喫多少辛苦、受多少驚怕，與朝廷出多少心力，到頭
　　　來，小有過犯，輕則充軍，重則刑戮，善終者十二三耳。其時，士大夫無負
　　　國家，國家負天下士大夫多矣。」見何良俊，《四友齋叢說》，卷九，頁75。

日忘焉。」〔註8〕鄭宜中在元末曾任華亭縣尉，歷任官職長達二十年之久，至正十六年張士誠佔領吳中之後以迄明朝開國，他都婉拒徵聘。他以「遂初」為其居室之名，可見在退處鄉里之後，「退休之志遂，夙昔之願嘗」，才實現了他的初衷。這種歸隱之志亦同樣地表現在明初出仕者的身上，錢穆對這種「明初諸臣之情切隱遯」的現象亦有論及，認為是明初諸臣因往日偏袒元朝的文字議論有所不安，而專為避禍之故。〔註9〕唯從宋濂在致仕之後，優游於友朋之間，重拾舊日山林之樂的景況來看，他的心境猶如解脫桎梏一般悠閒，並未帶有些許恐慌受怕的待罪心情。在隱逸不仕的時代風尚下，山林庭園之樂成為明初士人追求的風尚。許多在朝為官者，也不能免於這種時代風尚的影響，其詩文書畫之中多流露出對隱逸生活的嚮往之情，〔註10〕所以他們告老還鄉的行動，只是將自己心中的嚮往付諸行動，以達成自己對理想的追求。

　　元末以來的隱逸風尚似乎並沒有在洪武朝以後持續下去，這並不是說明太祖死後就沒有隱逸的存在，而是因為元末江南社會中原本適於士人隱逸不仕的大環境，經過洪武朝的全面革易，使歷史的發展逐漸回到唐宋以來士人以仕為業的軌道上。從明初隱逸後代的出處概況，可以略窺此後隱逸風氣的轉變。如曾經出仕元朝的戴良，入明後深懷遺民思想不肯仕明，並以出處一致的操守作為他兩個兒子的典範。長子戴禮卒於洪武二十九年，曾任儒學訓導之職；次子戴樂於永樂年間擔任醫學訓科之職，〔註11〕皆以出仕為志向，並未繼承戴良隱逸不仕的思想。王逢的兒子王掖，則於洪武十五年時擔任通事司令一職，當王逢被徵召入京之時，賴其叩頭泣請，使王逢能夠保全其出處一致的心願。可見隱逸下一代的心中，多不再堅守其上一代的忠節觀，是故其出處亦不再依循父祖的模式，而成為明朝的臣民。

　　隱逸不以出仕達成儒家賦予士人的使命，隱於鄉里仍能對地方上的文化風氣有所助益，甚至在異族統治及戰亂紛擾的時代中，肩負起維繫文化傳承的作用。隱逸除了對文化傳承上付出默默的貢獻之外，其隱逸的精神也寄託

〔註8〕蘇伯衡，《蘇平仲文集》，卷九，頁22a～b，〈遂初堂記〉。

〔註9〕參見錢穆，〈明初開國諸臣詩文集〉，頁21。

〔註10〕如洪武六年授太子正字、十一年陞任晉王甫右傅的桂彥良，出仕多年後，仍不忘元末隱遯山林之樂，將昔日所作和陶詩重新刊行。謝肅稱他是：「與靖節蓋不同其跡，而同其心者也。」見謝肅，《密菴集》，卷七，〈和陶詩集序〉，頁13a。

〔註11〕戴良，《九靈山房集》，卷三十，頁11b，趙友同，〈故九靈先生戴公墓誌銘〉。

在詩詞書畫之中。施纓姿研究元末明初太湖地區的文人畫家，發現元末江南畫家的山水畫，可依題材分爲「漁隱」、「隱居」、「情趣」、「軒亭」、「地域」等五大類別，她認爲「漁隱」、「隱居」類型的山水畫，意味元末隱逸思想的盛行；「情趣」山水畫則與元末文人對於生活情趣的重視有關；「軒亭」山水畫與元末庭園造景活動的興盛有關。〔註 12〕江南士人亦從繪畫題材的選擇表露出隱逸風格的一面，他們注重詩文宴集及庭園情趣的生活型態，與隱逸思想互爲表裡，呈現出元明之際隱逸士人多采多姿的生活面相。

〔註12〕 參見施纓姿，《元末明初太湖地區文人畫家群之研究》，頁 196。

徵引書目

一、史料

（一）官書典籍

1. 徐子洪譯注，《周易》，臺北：地球出版社，民國八十二年。

2. 漢·司馬遷，《史記》，臺北：鼎文書局，民國六十六年十月。

3. 何晏集解、邢昺疏，《論語》，臺北：藝文印書館，據清阮元刻本影印，民國四十四年。

4. 高亨，《周易古經今注》，上海：開明書店，民國三十六年九月，初版。

5. 陳啓天譯注，《增訂韓非子校釋》，臺北：商務印書館，民國七十一年八月年，四版。

6. 楊倞注、王先謙集解，《荀子集解》，收錄於楊家駱主編，《新編諸子集成》第二冊，臺北：世界書局，民國七十二年四月，新四版。

7. 不著撰人，《廟學典禮》，收入元代史料叢刊，浙江：浙江古籍出版社，一九九二年一月。

8. 不著撰人，《大元聖政國朝典章》，臺北：文海出版社，民國五十三年四月，初版。

9. 明·宋濂等撰，《元史》，臺北：臺灣商務印書館，明洪武刊本，百納本二十四史，民國七十七年一月，臺六版。

10. 明·朱元璋，《大誥三編》，收入吳相湘主編，《明朝開國文獻》（一），臺北：臺灣學生書局，影印國立北平圖書館原藏本，民國五十五年三月，初版。

11. 明·陳邦瞻編，《元史紀事本末》，臺北：三民書局，民國四十五年六月，初版。

12. 《明太祖實錄》，南港：中央研究院歷史語言研究所，據國立北平圖書館

紅格鈔本微捲影印，民國五十四年。

13. 清‧谷應泰，《明史紀事本末》，中華書局本。

14. 清‧柯劭忞，《新元史》，臺北：藝文印書館，據清乾隆武英殿刊本影印，民國七十一年。

15. 清‧查繼佐，《罪惟錄列傳》，臺北：明文書局，《明代傳記叢刊》，民國八十年。

16. 清‧張廷玉，《明史》，臺北：洪氏出版社，民國六十四年十一月，初版。

17. 清‧焦竑，《焦氏筆乘》，山東：山東友誼書社，一九九一年十一月。

18. 清‧趙翼，《廿二史箚記》，臺北：仁愛書局，民國七十三年九月。

19. 清‧談遷，《北游錄》，收入楊家駱主編：《中國學術類編》～《國榷附北游錄》第十冊，臺北：鼎文書局，民國六十七年七月，初版。

20. 清‧談遷，《國榷》，臺北：鼎文書局，民國六十七年，七月，初版。

（二）文集‧筆記

1. 晉‧皇甫謐，《高士傳》，收入《叢書集成初編》第 495 冊，上海：商務印書館，民國二十六年。

2. 元‧孔齊，《至正直記》，《叢書集成新編》第 87 冊，臺北：新文豐出版公司，民國七十四年。

3. 元‧王逢，《梧溪集》，《景印文淵閣四庫全書》集部 285，臺北：臺灣商務印書館，民國七十五年七月，初版。

4. 元‧王惲，《秋澗集》，《景印文淵閣四庫全書》集部 139，臺北：臺灣商務印書館，民國七十五年七月，初版。

5. 元‧姚桐壽，《樂郊私語》，成都：巴蜀書社，據涵芬樓秘笈影印，《中國野史集成》第 22 冊，一九九三年。

6. 元‧倪瓚，《清閟閣稿》，北京：中華書局，一九八七年。

7. 元‧袁桷，《清容居士集》，臺北：新文豐出版公司，民國七十三年。

8. 元‧貢師泰，《玩齋集》，《景印文淵閣四庫全書》集部 154，臺北：臺灣商務印書館，民國七十五年七月，初版。

9. 元‧張雨，《句曲外史集》，《景印文淵閣四庫全書》集部 281，臺北：臺灣商務印書館，民國七十五年七月，初版。

10. 元‧張昱，《可閒老人集》，《景印文淵閣四庫全書》集部 292，臺北：臺灣商務印書館，民國七十五年七月，初版。

11. 元‧張憲，《玉笥集》，《景印文淵閣四庫全書》集部 292，臺北：臺灣商務印書館，民國七十五年七月，初版。

12. 元‧許恕，《北郭集》，《景印文淵閣四庫全書》集部 292，臺北：臺灣商

務印書館，民國七十五年七月，初版。

13. 元・陳高，《不繫舟漁集》，《影印文淵閣四庫全書》集部 280，臺北：臺灣商務印書館，民國七十五年七月，初版。

14. 元・陳基，《夷白齋稿》，北京：中華書局，一九八七年。

15. 元・陶宗儀，《輟耕錄》，臺北：世界書局，民國五十二年四月。

16. 元・楊維禎，《東維子文集》，《景印文淵閣四庫全書》集部 160，臺北：臺灣商務印書館，民國七十五年七月，初版。

17. 元・楊維禎，《鐵崖先生古樂府》，臺北：臺灣商務印書館，《四部叢刊初編》集部第 79 冊，民國五十四年。

18. 元・楊翮，《佩玉齋類稿》，《景印文淵閣四庫全書》集部 159，臺北：臺灣商務印書館，民國七十五年七月，初版。

19. 元・葉子奇，《草木子》，臺北：廣文書局，民國六十四年四月，收入《中國哲學思想要籍叢編》，初版。

20. 元・鄭玉，《師山遺文》，《景印文淵閣四庫全書》集部 292，臺北：臺灣商務印書館，民國七十五年七月，初版。

21. 元・戴良，《九靈山房集》，《景印文淵閣四庫全書》集部 286，臺北：臺灣商務印書館，民國七十五年七月，初版。

22. 元・蘇天爵，《滋溪文稿》，《景印文淵閣四庫全書》集部 276，臺北：臺灣商務印書館，民國七十五年七月，初版。

23. 元・顧瑛，《玉山名勝集》，《景印文淵閣四庫全書》集部 308，臺北：臺灣商務印書館，民國七十五年七月，初版。

24. 元・顧瑛，《玉山逸稿》，上海：上物商務印書館，王雲五主編：《叢書集成初編》，民國二十五年六月，初版。

25. 元・顧瑛，《玉山璞稿》，上海：商務印書館，王雲五主編：《叢書集成初編》第 359 冊，民國二十五年六月，初版。

26. 元・顧瑛，《草堂雅集》，《景印文淵閣四庫全書》集部 308，臺北：臺灣商務印書館，民國七十五年七月，初版。

27. 明・于慎行，《穀山筆麈》，臺北：學海出版社，民國五十八年二月，初版。

28. 明・方孝孺（1357～1402），《遜志齋集》，臺北：臺灣商務印書館，上海涵芬樓景印明嘉靖辛酉王可大台州刊本，民國六十八年。

29. 明・王行，《半軒集》，《景印文淵閣四庫全書》集部 308，臺北：臺灣商務印書館，民國七十五年七月，初版。

30. 明・冊義雄輯，《隆平紀事》，成都：巴蜀書社，《中國野史集成》第 12 冊，一九九三年。

31. 明‧何良俊，《四友齋叢説》，北京：中華書局，一九五八年十一月。

32. 明‧何良俊，《何翰林集》，國立中央圖書館影印本，民國六十年六月。

33. 明‧吳寬，《平吳錄》，收入《紀錄彙編》三，臺北：商務印書館，據上海涵芬樓影印明萬曆刻本影本，民國五十八年。

34. 明‧吳寬，《匏翁家藏集》，《四部叢刊正編》第 74 冊，臺北：臺灣商務印書館，據上海涵芬樓藏明正德刊本景印，民國六十八年，臺一版。

35. 明‧吳履震，《五茸志逸隨筆》，臺北：成文書局，民國七十二年，臺一版。

36. 明‧呂毖，《明朝小史》，臺北：中央圖書館出版，民國八十年。

37. 明‧宋濂，《文憲集》，上海：上海古籍出版社，一九九一年。

38. 明‧宋濂，《宋學士文集》，臺北：臺灣商務印書館，民國五十七年十二月，臺一版。

39. 明‧宋禧，《庸菴集》，《景印文淵閣四庫全書》集部 292，臺北：臺灣商務印書館，民國七十五年七月，初版。

40. 明‧貝瓊，《清江文集》，《景印文淵閣四庫全書》集部 302，臺北：臺灣商務印書館，民國七十五年七月，初版。

41. 明‧貝瓊，《清江詩集》，《景印文淵閣四庫全書》集部 302，臺北：臺灣商務印書館，民國七十五年七月，初版。

42. 明‧胡翰，《胡仲子集》，《景印文淵閣四庫全書》集部 304，臺北：臺灣商務印書館，民國七十五年七月，初版。

43. 明‧唐樞，《國琛集》，臺北：明文書局，《明代傳記叢刊》，民國八十年。

44. 明‧孫蕡，《西庵集》，《景印文淵閣四庫全書》集部 309 冊，臺北：臺灣商務印書館，民國七十五年七月，初版。

45. 明‧徐賁，《北郭集》，《景印文淵閣四庫全書》集部 307，臺北：臺灣商務印書館，民國七十五年七月，初版。

46. 明‧徐禎卿，《翦勝野聞》，成都：巴蜀書社，《中國野史集成》第 22 冊，一九九三年。

47. 明‧高岱，《鴻猷錄》，臺北：新興書局，據萬曆丁巳年刻本影印，民國六十六年八月。

48. 明‧高啓，《青邱遺詩》，臺北：臺灣商務印書館，民國五十七年十二月，臺一版。

49. 明‧高啓，《鳧藻集》，《景印文淵閣四庫全書》集部 306，臺北：臺灣商務印書館，民國七十五年七月，初版。

50. 明‧高啓撰、金檀輯注，《高青邱詩集》，臺北：臺灣商務印書館，民國五十七年十二月，臺一版。

51. 明・陸深，《金臺紀聞摘抄》，收入《紀錄彙編》十五，臺北：商務印書館，上海涵芬樓影印明萬曆刻本，民國五十八年。

52. 明・程敏政撰，《皇明文衡》，上海市：商務印書館，民國二十五年。

53. 明・黃溥，《閒中今古錄摘抄》，收入《紀錄彙編》，臺北：商務印書館，上海涵芬樓影印明萬曆刻本，民國五十八年。

54. 明・黃暐，《蓬窗類記》，成都：巴蜀書社，收入《中國野史集成》第37冊，一九九三年。

55. 明・楊基，《眉菴集》，《景印文淵閣四庫全書》集部307，臺北：臺灣商務印書館，民國七十五年七月，初版。

56. 明・楊儀，《金姬傳》，臺北：新文豐出版公司，民國七十四年。

57. 明・葉盛，《水東日記摘抄》，收入《紀錄彙編》十六，臺北：商務印書館，上海涵芬樓影印明萬曆刻本，民國五十八年。

58. 明・過庭訓纂集，《本（明）朝分省人物考》，臺北：成文出版社，民國六十年。

59. 明・趙汸，《東山存稿》，《景印文淵閣四庫全書》集部289，臺北：臺灣商務印書館，民國七十五年七月，初版。

60. 明・劉辰，《國初事蹟》，收入鄧士龍輯，《國朝典故》，北京：北京大學出版社，一九九三年四月。

61. 明・劉基，《誠意伯文集》，臺北：臺灣商務印書館，民國五十七年十二月。

62. 明・謝肅，《密庵集》，《景印文淵閣四庫全書》集部302，臺北：臺灣商務印書館，民國七十五年七月，初版。

63. 清・張其淦撰、祁正注，《元八百遺民詩詠》，臺北：明文書局，《明代傳記叢刊》，民國八十年。

64. 清・陳田輯撰，《明詩紀事》，上海：上海古籍出版社，一九九三年十二月。

65. 清・錢謙益，《國初群雄事略》，收入《叢書集成續編》第258冊，臺北：新文豐出版公司，民國七十八年，臺一版。

66. 清・錢謙益撰、錢陸燦編，《列朝詩集小傳》，臺北：明文書局，《明代傳記叢刊》，民國八十年。

67. 清・顧炎武，《天下郡國利病書》，臺北：臺灣商務印書館，民國五十五年。

68. 清・顧嗣立編，《元詩選》，北京：中華書局，一九八七年。

（三）地方志書

1. 明・方嶽貢等撰，《松江府志》，明崇禎四年刊本，國家圖書館藏景照本。

2. 明・毛鳳韶,《浦江志略》,臺北:新文豐出版公司,《天一閣藏明代方志選刊》第 7 冊,民國七十四年。

3. 明・田琯,《新昌縣志》,臺北:新文豐出版公司,《天一閣藏明代方志選刊》第 7 冊,民國七十四年。

4. 明・彭澤、汪舜民撰,《弘治徽州府志》,明弘治年刊本,國家圖書館藏景照本。

5. 明・栗祁、唐樞等撰,《湖州府誌》,明萬曆刻本,國家圖書館藏景照本。

6. 明・趙錦(1516~1591),《江陰縣志》,臺北:新文豐出版公司,《天一閣藏明代方志選刊》第 5 冊,民國七十四年。

7. 清・程量,《湖州府誌前編》,清順治六年刊本,國家圖書館藏景照本。

8. 明・徐象梅,《兩浙名賢錄》,北京:書目文獻出版社,《北京圖書館古籍珍本叢刊》十七,一九八七年。

9. 明・張昶,《吳中人物志》,臺北:臺灣學生書局,影印國立中央藏明隆慶刊本,民國五十八年十二月,初版。

10. 清・顧沅輯,《吳郡五百名賢圖贊傳》,臺北:廣文書局,影印中央研究院所藏原本,民國六十七年三月。

二、今人論著

(一) 專書

1. 么書儀,《元代文人心態》,北京:文化藝術出版社,一九九三年十月。

2. 王仁祥,《先秦兩漢的隱逸》,臺北:臺大出版委員會出版,臺大文學院發行,民國八十四年。

3. 王明蓀,《元代的士人與政治》,臺北:臺灣學生書局,民國八十一年。

4. 王強華編著,《中國現代地理大辭典》,臺北:強華出版社,民國八十年,初版。

5. 何冠彪,《生與死:明季士大夫的抉擇》,臺北:聯經出版事業公司,民國八十六年十月,初版。

6. 施纓姿,《元末明初太湖地區文人畫家群之研究》,臺北:中國文化大學藝術研究所美術組碩士論文,民國八十五年六月。

7. 范金民、夏維中,《蘇州地區社會經濟史・明清卷》,南京大學出版社,一九九三年十一月。

8. 陳垣,《元西域人華化考》,收入《陳援菴先生全集》二,臺北:新文豐出版公司,據勵耘書屋叢刊刻版影印,民國八十二年,臺一版。

9. 陳學文,《明清社會經濟史研究》,臺北:稻禾出版社,民國八十年十二月。

10. 劉石吉，《明清時代江南市鎮研究》，北京：中國社會科學出版社，一九八七年六月。

11. 歐陽光，《宋元詩社研究叢稿》，廣州：廣東高等教育出版社，一九九六年九月。

12. 蔣星煜，《中國隱士與中國文化》，臺北：中華書局，民國三十六年一月，再版。

13. 鄭克晟，《明代政爭探源》，天津：天津古籍出版社，一九八八年十二月。

14. 謝國楨：《明代社會經濟史料選編》，收入《明代野史筆記輯錄》三，福建：福建人民出版社，一九八○年三月。

15. 魏嵩山主編，《中國歷史地名大辭典》，廣東省：廣東教育出版社，一九九五年。

（二）論文

1. 于金生，〈元代的地方學官及其社會地位〉，《內蒙古社會科學》，一九九三年第三期。

2. 王成勉，〈明末士人的抉擇－論近代明清轉接時期的研究〉，《食貨月刊》，第十五卷九、十期合刊，民國七十四年四月。

3. 王次澄，〈元初遺民詩人的桃花源——月泉吟社及其詩〉，《河北學刊》，一九九五年第六期。

4. 朱子儀，〈魏晉《高士傳》與中國隱逸文化〉，《中國文化研究》，第十二期，一九九六年。

5. 朱榮貴，〈從劉三吾《孟子節文》論君權的限制與知識份子之自主性〉，《中國文哲研究集刊》，第六期，民國八十四年三月。

6. 朱鴻，〈明太祖與僧道——兼論太祖的宗教政策〉，《國立臺灣師範大學歷史學報》，第十八期，民國七十九年六月。

7. 何冠彪，〈明遺民子弟出試問題平議〉，《故宮學術季刊》，第七卷一期，民國七十八年。

8. 呂景琳，〈明代北方經濟述論——兼與江南經濟比較〉，臺北：第一屆兩岸明史學術研討會論文，民國八十五年七月。

9. 周全，〈宋遺民林景熙與唐 〉，《臺北師專學報》，第十二期，民國七十四年六月。

10. 周全，〈宋遺民詩試論〉，《臺北師院學報》，第一期，民國七十七年六月。

11. 周祖謨，〈宋亡後仕元的儒學教官〉，《輔仁學誌》，第十四卷一、二期合刊，一九四六年十一月。

12. 林金樹，〈簡論明皇朝保護江南重賦區的若干重要措施〉，《明史研究》，第三輯，一九九三年七月。

13. 林麗月,〈讀《海桑集》——論元明之際陳謨（1305～1400）的出處及其後世評價〉,《第一屆全國歷史學學術討論會論文集》,臺北：臺灣大學歷史系,民國八十五年。

14. 施逢雨,〈陶淵明隱居生活中的困逆與感慨〉,《大陸雜誌》,第七十九卷二期,一九八九年八月。

15. 洪安全,〈兩漢儒士的仕隱態度與社會風氣〉,《孔孟學報》,第四十二期,一九八一年九月。

16. 胡其德,〈評第達斯「征服者與儒家——中國元末政治變遷」〉,《師大歷史學報》,第五期,民國六十六年四月。

17. 孫克寬,〈元初南宋遺民初述——不和蒙古人合作的南方儒士〉,《東海學報》,第十五期,民國六十三年。

18. 徐泓,〈明洪武年間的人口移徙〉,收入《第一屆歷史與中國社會變遷研討會論文集》,臺北：中央研究院三民主義研究所,民國七十一年。

19. 桂棲鵬,〈元代進士仕宦研究〉,《元史論叢》,第六輯,一九九七年五月。

20. 陳世松、史樂民,〈宋末元初蜀士流寓東南問題探討〉,《元史論叢》,第五輯,中國元史研究會編,一九九三年。

21. 陳建華,〈元末東南沿海城市文化特徵初探〉,《復旦學報》（社會科學版）,一九八八年第一期。

22. 陳建華,〈明初政治與吳中詩歌的感傷情調〉,《復旦學報》（社會科學版）,一九八九年第一期。

23 勞延煊,〈元明之際詩中的評論〉,收入《陶希聖先生八秩榮慶論文集》,臺北：食貨出版社,民國六十八年。

24. 黃清連,〈元初江南的叛亂〉,《中央研究院歷史語言研究所集刊》,第四十九本第一分,民國六十七年。

25. 楊樹藩,〈元代科舉制度〉,《國立政治大學學報》,第十七期,民國五十七年五月。

26. 劉紀曜,〈仕與隱——傳統中國政治文化的兩極〉,收入黃俊傑主編、劉岱總主編,《中國文化新論》思想篇,臺北：聯經出版事業公司,民國七十年。

27. 劉祥光,〈從徽州文人的隱與仕看元末明初的忠節與隱逸〉,《大陸雜誌》,第九十四卷一期,民國八十六年一月。

28. 鄭克晟,〈元末的江南士人與社會〉,《東南文化》,一九九○年第四期。

29. 蕭啟慶,〈五年來海峽兩岸元史研究的回顧（一九九二～一九九六）〉,「中華民國史專題第四屆討論會——民國以來的史料與史學」會議論文,民國八十六年十二月。

30. 蕭啟慶,〈元代的儒戶：儒戶地位演進史上的一章〉,收入氏著：《元代史

新探》，臺北：新文豐出版公司，民國七十二年六月。

31. 蕭啓慶，〈元朝的族群政策與族群關係〉，收入《族群融合三千年》，臺北：歷史月刊社，民國八十五年三月。

32. 蕭啓慶，〈元朝的統一與統合——以漢地、江南爲中心〉，《中國歷史上的分與合學術研討會論文集》，臺北：聯經出版社，民國八十四年。

33. 蕭啓慶，〈宋元之際的遺民與貳臣〉，《歷史月刊》，第九十九期，一九九六年四月。

34. 蕭啓慶，〈蒙元統治對中國歷史發展影響的省思〉，《第二屆國際邊疆史學術研討會論文集》，臺北：臺灣師範大學歷史系，民國八十五年五月。

35. 錢穆，〈讀明初開國諸臣詩文集〉，收入包遵彭主編：《明代政治》，臺北：臺灣學生書局，民國五十七年八月。

36. 錢穆，〈讀明初開國諸臣詩文集續篇〉，收入《中國學術思想史論叢》（六），臺北：東大圖書公司，民國六十七年十一月。

37. 謝寶富，〈隱士定義及古稱的考察〉，《江漢論壇》，一九九七年第一期。

38. 羅炳綿，〈明太祖的文字統治術〉，《中國學人》，第三期，一九七一年六月。

三、外文論著

1. 小林昇，〈朝隱の説ついて隱逸思想の一問題〉，《中國・日本における歷史觀と隱逸思想》，東京：早稻田大學出版部，一九八五年。

2. 宮崎市定，〈明代蘇松地方的士大夫和民眾〉，收入劉俊文主編，黃約瑟等譯《日本學者研究中國史論著選譯》六，北京：中華書局，一九九二年。

3. 檀上寬，〈明王朝成立期の軌跡～洪武朝の疑獄事件と京師問題をめぐって〉，《東洋史研究》，第三十七卷第三號，一九七八年十二月。

4. 檀上寬，〈義門鄭氏と元末の社會〉，第六十三卷三、四期，《東洋學報》，一九八二年。

5. Dardess, John W, Confucianism and Autocracy: Professional Elites in the Founding of the Ming Dynasty, Los Angeles: University of California Press, 1983.

6. Dardess, John W. Conguerors and Confucians-Aspects of Political Change in Late Yuan China, 臺北：虹橋書局，民國六十三年二月。

7. Langlois, John D. Jr., "Chinese Culturalism and the Yuan Analogy: Seventeenth-Century Perspectives", Harvard Journal of Asiatic Studies, Vol.40, No2, December 1980.

8. Mote, Frederick W. "Confucian Eremitism in the Yuan Period",in Arthur F. Wright ed., The Confucian Persuasion, Stanford : Stanford University Press,

1960.

9. Vervoorn, Aat, "The Origins Of Chinese Eremitism",《中國文化研究所學報》,香港:香港中文大學,1984 年,15 卷。

附　錄

附錄一 《吳中人物志》所見元代士人

姓名	居住地	事蹟
俞琰	不詳	初授溫州路學錄，不赴。
陳深	吳縣	宋亡，棄舉子業。
邊景元	不詳	由池州青陽縣教諭轉處州路學錄，復薦入國子，以病歸。
丘迪	吳縣	嘗以尚書應舉，不第。
俞元燮	長洲	於省試不屑也。
湯彌昌	不詳	父爲咸淳丁卯進士。
王元杰	吳江	至正甲申以春秋領鄉薦，值兵亂，隱居教授，遂不果仕。
顧諒	吳江	鄉試不第，尋膺薦授郡學訓導，陞紹興府學錄。
余日彊	崑山	平生有隱操。
陳謙	吳縣	棄舉子業。
邵光祖	吳縣	不習科舉。張士誠據吳，授湖州學正，亦不赴，以布衣終其身。
秦輔之	嘉定	著書不仕。
徐雷龍	不詳	薦授武進縣學教諭，不赴。
耿時舉	不詳	久居太學，不得第。
劉岳	吳縣	官太醫院，後改翰林學士知制誥，同修國史。授建昌路總管。
范霖	吳縣	授江浙儒學提舉，轉禮部侍郎。
朱德潤	崑山	國史院編修官，授鎮東儒學提舉。至正十一年，辟爲浙省參謀軍事。
衛培	不詳	延祐七年，以培充貢龍虎榜。爲州學訓導。
王立中	吳縣	蔭授開化尉。

袁易	吳縣	常薦於朝，力辭之。歸隱吳淞江之濱。
俞淡洞	庭山	宋亡，隱居著書不復仕。
龔	吳縣	居浙右憲使幕下，尋舉教官。
虞堪	笠澤	義塾講師。
章德剛	吳江	至正中，薦任崑山州學正。
蔣堂	吳縣	泰定三年，江浙鄉試第三人，累辟不就，隱居吳中，後以太府薦，授嘉定儒學教授。
孟潼	吳縣	以茂異膺憲舉爲文學掾，累遷至承直郎、松江府判官。
陸德原	長洲	初舉茂異，爲甫里書院山長，陞徽州路儒學教授。
姚文奐	崑山	辟授浙東帥閫掾。
范文英	蘇州府	辟授平江路學教授。

資料來源：張昶，《吳中人物志》（臺北：臺灣學生書局，影印國立中央藏明隆慶刊本，民國五十八年十二月，初版），卷六，〈儒林〉（俞琰至邵光祖等十一人），頁 173～180；卷七，〈文苑〉（秦輔之至虞堪等十二人），頁 231～237；卷四，〈薦舉〉（章德剛以下六人），頁 87～89。

附錄二　《明史・文苑傳》元明之際的士人

姓名	活動地點	生平事蹟
徐賁	蘇州府吳興	張士誠辟爲屬，已謝去。吳平，謫徙臨濠。洪武七年被薦至京。九年春，奉使晉、冀，有所廉訪。
張羽	吳興	領鄉薦，爲安定書院山長，再徙於吳。洪武四年徵至京師，應對不稱旨，放還。再徵授太常司丞。
傅著	長洲	史成，歸爲常熟教諭。
謝徽	長洲	史成，授翰林國史院編修。尋擢吏部郎中，力辭不拜，歸。復起國子助教，卒。
高啓	長洲	張士誠據吳，啓依外家，居吳淞江之青丘。洪武初，被薦，偕同縣謝徽召修元史，授翰林院國史編修官，復命教授諸王。三年秋，帝御闕樓，啓、徽俱入對，擢啓戶部右侍郎，徽吏部郎中。啓自陳年少不敢當重任，徽亦固辭，乃見許。觀以改修府治，獲譴。帝見啓所作上梁文，因發怒，腰斬於市。
宋克	長洲	張士誠欲羅致之，不就。洪武初，克任鳳翔同知，卒。
王行	吳縣	洪武初，有司延爲學校師。已，謝去，隱於石湖。其二子役於京，行往視之，涼國公藍玉館於家，數薦之太祖，得召見。後玉誅，行父子亦坐死。
楊基	吳縣	遭亂，隱吳之赤山。張士誠辟爲丞相府記室，未幾辭去，客饒介所。明師下平江，基以饒氏客安置臨濠，旋徙河南。洪武二年放歸。尋起爲滎陽知縣，謫居鍾離。
張簡	吳縣	初師張雨爲道士，隱居鴻山。元季兵亂，以母老歸養，遂返儒服。洪武三年，薦修元史。

杜寅	吳縣	史成，官岐寧　知事。
陳則	崑山	洪武六年舉秀才，授應天府治中。俄擢戶部侍郎，以閱實戶口，出爲大同府同知，進知府。
顧德輝	崑山	嘗舉茂才，授會稽教諭，辟行省屬官，皆不就。張士誠據吳，欲強以官，去隱於嘉興之合溪。及吳平，父子並徙濠梁。洪武二年卒。
王彝	嘉定	元史成，賜銀幣還。又以薦入翰林，母老乞歸。坐知府魏觀事，與高啓俱被殺。
袁凱	松江府華亭	元末爲府吏。洪武三年薦授御史。
沈度	華亭	洪武中，舉文學，弗就。坐累謫雲南，岷王具禮幣聘之。數進諫，未幾辭去。成祖初即位，以能書入翰林。
朱芾	華亭	洪武初，官編修，改中書舍人。
謝肅	上虞	官至福建僉事，坐事死。
王逢	常州府江陰	至正中，作河清頌，臺臣薦之，稱疾辭。張士誠據吳，其弟士德用逢策，北降於元以拒明。太祖滅士誠，欲辟用之，堅臥不起，隱上海之烏涇，歌詠自適。洪武十五年以文學徵，有司敦迫上道。時子掖爲通事司令，以父年高，叩頭泣請，乃命吏部符止之。
張宣	江陰	洪武初，以考禮徵。尋預修元史，太祖親書其名，召對殿廷，即日授翰林編修，呼爲小秀才。
孫作	江陰	元季，挈家避兵於吳，盡棄他物，獨載書兩簏。士誠虞祿之，旋以母病謝去，客松江，眾爲買田築室居焉。洪武六年聘修大明日曆，授翰林編修，乞改太平府教授。召爲國子助教，尋分教中都，踰年還國學，擢授司業，歸卒於家。
周砥	無錫	與宜興馬治善，遭亂客治家，治爲具舟車，盡窮陽羨山溪之勝。其鄉多富人，與治善者咸置酒招砥。砥心厭之，一日貽書別治，夜半遁去，游會稽，歿於兵。
王紱	無錫	紱未仕時，與吳人韓弈爲友，隱居九龍山。洪武中，坐累朔州。永樂中，以善書供事文淵閣。
呂敏	無錫	元時爲道士，洪武初，官無錫教諭。十三年舉人才，不知其官所終。
馬治	宜興	洪武時爲內丘知縣，終建昌知府。
楊維禎	紹興府山陰	元泰定四年成進士，署天台尹，改錢清場鹽司令。狷直忤物，十年不調。轉建德路總管府推官。擢江西儒學提舉，未上，會兵亂，避地富春山，徙錢塘。張士誠累招之，不赴，遣其弟士信咨訪之，因撰五論，具書復士誠，反覆告以順逆成敗之說，士誠不能用也。洪武二年，太祖召諸儒纂禮樂書，以

		維楨前朝老文學，遣翰林詹同奉幣詣門，維楨謝曰：「豈有老婦將就木，而再理嫁者邪？」。
張憲	山陰	負才不羈，嘗走京師，恣言天下事，眾駭其狂。還入富春山，混緇流以自放。後仕張士誠，爲樞密院都事。吳平，變姓名，寄食杭州報國寺以歿。
唐肅	山陰	至正壬寅舉鄉試。張士誠時，爲杭州黃岡書院山長，遷嘉興路儒學正。士誠敗，例赴京。尋以父喪還。洪武三年用薦召修禮樂書，擢應奉翰林文字。
郭傳	會稽	帝召見於謹身殿，授翰林應奉，直起居注。遷兵部主事，再遷考功監丞，進監令，出署湖廣布政司參政。
宋僖	餘姚	元繁昌教諭，遭亂歸。史事竣，命典福建鄉試。
趙撝謙	餘姚	洪武十二年命詞臣修正韻，撝謙年二十有八，應聘入京師，授中都國子監典簿。久之，以薦召爲瓊山縣學教諭。
王冕	諸暨	屢應舉不中，棄去，北游燕都，客祕書卿泰不花家，擬以館職薦，力辭不就。太祖下婺州，物色得之，置幕府，授諮議參軍，一夕病卒。
錢惟善	杭州府錢塘	元時，官副提舉。張士誠據吳，遂不仕。與維楨同葬干山，人目爲三高士墓。
陸居仁	錢塘	中泰定三年鄉試，隱居教授，自號雲松野衲。與維楨同葬干山，人目爲三高士墓。
張文海	寧波府鄞縣	張文海，鄞人，與同里傅恕並入史館。
傅恕	鄞縣	太祖嘉納之，遂命修元史。事竣，授博野知縣，後坐累死。
吳志淳	鄞縣	元末知靖安、都昌二縣。奏除待制翰林，爲權倖所阻，避兵於鄞。
王蒙	湖州府湖州	元末官理問，遇亂，隱居黃鶴山，自稱黃鶴山樵。洪武初，知泰安州事。
烏斯道	寧波府慈谿	洪武中，斯道被薦授石龍知縣，調永新，坐事謫役定遠，放還，卒。
李汶	太平府當塗	史成，除巴東知縣，移南和。晚年歸里，以經學訓後進。
郭奎	廬州府巢縣	太祖爲吳國公，來歸，從事幕府。朱文正開大都督府於南昌，命奎參其軍事，文正得罪，奎坐誅。
石光霽	揚州府泰州	洪武十三年以明經舉，授國子學正，進博士。
胡翰	金華府	或勸之仕，不應。既歸，遭天下大亂，避地南華山，著書自

	金華	適。文章與宋濂、王禕相上下。太祖下金華，召見，授衢州教授。洪武初，聘修《元史》，書成，受齎歸。
蘇友龍	金華	受業許謙之門，官蕭山令，行都省事。明師下浙東，坐長子仕閩，謫徙滁州。李善長奏官之，力辭歸。
蘇伯衡	金華	明師下浙東，坐長子仕閩，謫徙滁州。李善長奏官之，力辭歸。二十一年聘主會試，事竣復辭還。尋為處州教授，坐表箋誤，下吏死。
戴良	浦江	用良為學正，與宋濂、葉儀輩訓諸生。太祖既旋師，良忽棄官逸去。辛丑，元順帝用薦者言，授良江北行省儒學提舉。良見時事不可為，避地吳中，依張士誠。久之，見士誠將敗，挈家泛海，抵登、萊，欲間行歸擴廓軍，道梗，寓昌樂數年。洪武六年始南還，變姓名，隱四明山。太祖物色得之。十五年召至京師，試以文，命居會同館，日給大官膳，欲官之，以老疾固辭，忤旨。明年四月暴卒，蓋自裁也。
張孟兼	浦江	史成，授國子學錄，歷禮部主事、太常司丞。
朱廉	義烏	幼力學，從黃溍學古文。知府王宗顯辟教郡學。李文忠鎮嚴州，延為釣臺書院山長。洪武初，元史成，不受官歸。尋徵修日曆，除翰林編修。已而授楚王經，遷楚府右長史。久之，辭疾歸。
陳基	台州府臨海	少與兄聚受業於義烏黃溍，從溍游京師，授經筵檢討。嘗為人草諫章，力陳順帝並后之失，順帝欲罪之，引避歸里。已，奉母入吳，參太尉張士誠軍事。士誠稱王，基獨諫止，欲殺之，不果。吳平，召修元史，賜金而還。洪武三年冬卒。
朱右	臨海	史成，辭歸。已，徵修日曆、寶訓，授翰林編修。遷晉府右長史。九年卒官。
陶宗儀	黃巖	宗儀少試有司，一不中即棄去。浙帥泰不華、南臺御史丑驢舉為行人，又辟為教官，皆不就。張士誠據吳，署為軍諮，亦不赴。洪武四年詔徵天下儒士，六年命有司舉人才，皆及宗儀，引疾不赴。
余堯臣	溫州府永嘉	入吳，為士誠客。城破，例徙濠梁。洪武二年放還，授新鄭丞。
高明	永嘉	至正五年進士，授處州錄事，辟行省掾。太祖聞其名，召之，以老疾辭，還卒於家。
徐尊生	嚴州府淳安	元史成，受賜歸，復同修日曆。後以宋濂薦授翰林應奉，文字草制，悉稱旨。尋以老疾辭還。
徐一夔	天台	用薦署杭州教授。召修大明日曆，書成，將授翰林院官，以足疾辭，賜文綺遣還。
秦裕伯	大名府	仕元，累官至福建行省郎中。張士誠據姑蘇，遣人招之，拒

	大名	不納。吳元年，太祖命中書省檄起之。裕伯對使者曰：「食元祿二十餘年而背之，不忠也。母喪未終，忘哀而出，不孝也。」乃上中書省固辭。洪武元年復徵，稱病不出。帝乃手書諭之曰：「海濱民好鬥，裕伯智謀之士而居此地，堅守不起，恐有後悔。」裕伯拜書，涕泗橫流，不得已，偕使者入朝。
劉炳	饒州府鄱陽	至正中，從軍於浙。太祖起淮南，獻書言事，用爲中書典籤。洪武初，從事大都督府，出爲知縣。閱兩考，以病告歸，久之卒。
趙壎	臨江府新喻	元至正中舉於鄉，爲上猶教諭。先後纂修三十人，兩局並與者，壎一人而已。閱六月，書成，諸儒多授官，惟壎及朱右、朱廉不受歸。尋召修日曆，授翰林編修。
危素	撫州府金谿	至正元年用大臣薦授經筵檢討。遷太常博士、兵部員外郎、監察御史、工部侍郎，轉大司農丞、禮部尚書。洪武二年授翰林侍講學士，數訪以元興亡之故。
張昱	吉安府廬陵	仕元，爲江浙行省左、右司員外郎，行樞密院判官。太祖徵至京，憫其老，曰「可閒矣」，厚賜遣還，乃自號可閒老人。
張以寧	福州府古田	泰定中，以春秋舉進士，由黃巖判官進六合尹，坐事免官，滯留江、淮者十年。順帝徵爲國子助教，累至翰林侍讀學士，知制誥。明師取元都，與危素等皆赴京，奏對稱旨，復授侍講學士，特被寵遇。
王恭	長樂	隱居七巖山，自稱皆山樵者。永樂初，以儒士薦起待詔翰林，年六十餘，與修大典。書成，授翰林院典籍。
陳亮	長樂	自以故元儒生，明興累詔不出，作〈陳博傳〉以明志。結草屋蒼洲中，與三山耆彥爲九老會，終其身不仕。
鄭定	閩縣	嘗爲陳友定記室。友定敗，浮海亡交、廣間。久之，還居長樂。洪武中，徵授延平府訓導，歷國子助教。
林鴻	福清	洪武初，以人才薦，授將樂縣訓導，歷禮部經膳司員外郎。性脫落，不善仕，年未四十自免歸。
藍仁	建寧府崇安	辟武夷書院山長，遷邵武尉，不赴。內附後，例徙濠梁，數月放歸，卒。
藍智	崇安	洪武十年被薦，起家廣西僉事，著廉聲。
孫蕡	廣州府順德	洪武三年始行科舉，蕡與其選，授工部織染局使，遷虹縣主簿。
黎貞	新會	嘗爲本邑訓導，以事被誣，戍遼陽十八年，從游者甚眾。放還卒。
王佐	南海	洪武六年被薦，徵爲給事中。性不樂樞要，將告歸。時告者多獲重譴，或尼之曰：「君少忍，獨不虞性命邪？」佐乃遲佪二年，卒乞骸歸。

趙介	番禺	有司累薦，皆辭免。洪武二十二年坐累逮赴京，卒於南昌舟次。
李德	番禺	洪武三年以明經薦授洛陽典史，歷南陽、西安二府幕官，並能其職。以年衰乞改漢陽教諭，秩滿，調義寧。
黃哲	番禺	歷仕州郡，以治行稱。
丁鶴年	回回人	鶴年自以家世仕元，不忘故國，順帝北遁後，飲泣賦詩，情詞悽惻。
樂良	不詳	洪武中，官國子監博士。以年老乞歸，加翰林待制。
雨	不詳	洪武中，官國子監博士。以年老乞歸，加翰林待制。
趙俶	不詳	洪武中，官國子監博士。以年老乞歸，加翰林待制。

資料來源：《明史》，卷二百八十五，〈文苑一〉（林鴻、鄭定、王恭、陳亮、王紱、沈度等六人，錄自《明史》，卷二百八十六，〈文苑二〉）

附錄三 史籍所見元明之際江南隱逸一覽表

※欄中"○"號表「仕」，"△"表「隱」。

姓名	居住地區	生平事蹟	元明之際的出處			資料來源
			元	張	明	
丁遜學	吳縣	隱居不仕，與吳文泰以詩知名。	△	△	△	《吳中人物志》，卷九，頁22b。
丁儼	吳縣	不喜聲利芬華事，歸處郊墅，以賦詩彈琴自娛。	△	△	△	《鳧藻集》，卷五，〈丁志恭墓誌銘〉，頁31b。
孔正夫	崑山	以明經登元戊子進士第，授將仕郎建德錄事，三遷至永嘉尹。築室崑山之麓，題之曰：「迁隱」，遂老而不復仕矣。	○	△	△	《清江文集》，卷一，〈迁隱菴記〉，頁13b。
尤義	長洲	江淮兵起，義保障鄉里有功，受官不拜。及張氏據吳，薦於朝，授浙江宣慰平江府事，義懼不敢辭，旋以憂卒。	△	○		《隆平紀事》，頁64a。
尤鼎臣	嘉定	參政寶哥頓兵無戰意，鼎臣從州倅在兵間屢著謀效。及淮張入吳，倅奉印降。鼎臣力阻不得，為其將所執，啗以美官，不屈，杖之百餘，	○	△	△	《隆平紀事》，頁57a。

—147—

		終身錮之江陰。				
方道	淳安	登至順二年進士第,授翰林編修官,再調杭州判官,遂引疾以歸。洪武初,兩被召,俱不赴。	○	△	△	《兩浙名賢錄》,卷二,頁14b。
王子中	武康	博學能詩,有超世之志,每閉戶獨吟,不屑仕進。一時名士如柯敬仲、虞伯生皆相善。	△	△	△	《兩浙名賢錄》,卷四四,頁31b。
王行	吳縣	洪武初,有司延為學校師。已,謝去,隱於石湖。其二子役於京,行往視之,涼國公藍玉館於家,數薦之太祖,得召見。後玉誅,行父子亦坐死。	△	△	△	《明史》,卷二八五,頁7330。
王孚	山陰	時方擾亂,遂同昆季渡娥江寓焉。杜門畏影,晚年益敦友愛,與弟宗尹哦吟自怡,相繼而終。	△	△	△	《兩浙名賢錄》,卷四四,頁31b。
王思中	吳江	雅尚文學,張氏據吳,屢徵不至,率義勇保障鄉閭。後徐達兵下吳江,頓師石里村,率眾歸附。	△	△	△	《隆平紀事》,頁69b。
王貞	蘇州	太尉開藩,博采群材,以儒學辟,不受,竟歸。	△	△	△	《吳中人物志》,卷十,19b。
王冕	紹興	號煮石山農,諸暨田家子也。北遊燕,有欲薦以官職者,冕曰:「不滿十年,此中狐兔穴矣,何以祿為?」即遁歸隱九里山,結茅三間,自題為梅花屋主。明太祖聞其名,召為參軍,未就而卒。	△	△	△	《新元史》,卷二三八,頁8b。
王淵	永嘉	洪武三年舉進士,以疾告歸。淵性急直,人有過必面折之,毅然以作興後學為己任,循循誘掖,寒暑晨昏無倦色,貧而來學者,輒以衣糧資給之,	△	△	△	《兩浙名賢錄》,卷二,頁15b。
王紹原	山陰	值元季兵亂,家盡毀。紹原	△	△	△	《兩浙名賢

		偕諸弟攻苦食淡，怡如也。及海內既平，於舍旁闢一軒，扁曰：「耕讀」，與常所往來者觴詠其中，灑然免於世累。				錄》，卷四四，頁48b。
王逢	江陰	至正中，作〈河清頌〉，臺臣薦之，稱疾辭。張氏據吳，大府交辟，堅臥不就。洪武壬戌，以文學錄用，有司敦迫上道。子掖任通事司令，以父老，叩頭泣請，上命吏部符止之。	△	△	△	《列朝詩集小傳》，甲前集，頁54。
王逡	錢塘	家貧賣藥，博究子史百家。客至，輒談今古，亹亹不休，人知其博辯，每以疑事質之，應答如響。	△	△	△	《兩浙名賢錄》，卷四四，頁50a。
王毓	鄞縣	先游錢塘無識者，題詩城隍廟壁曰：「行盡錢塘數十家，無人為我煮新茶；一襟清思難消遣，嘔出胸中萬斛花。」由是人競延請，拂衣而歸。	△	△	△	《兩浙名賢錄》，卷四四，頁49b。
王嘏	華亭	張太尉辟為常熟州教授，力辭。	△	△	△	《隆平紀事》，頁68a。
王琛	蘇州	隱居不仕，逍遙野服，或騎驢市廛，或策杖林野，人莫測之。自號城南逸民。	△	△	△	《吳中人物志》，卷九，16a。
王彝	嘉定	元季隱居，讀書蒲山。洪武初，詔修元史。史成，以母老乞歸，身猶布衣而卒。江夏魏觀守郡，賓禮群士。未幾，以事被逮，彝與啟嘗為觀作文，連坐，死於京市。	△	△	△	《吳中人物志》，卷七，頁18a〜b。
王鑑	蘇州	日從縉紳諸老講究經義，家貧無擔石儲，未嘗以私干人。士誠入吳，造盧訪鑑，每導以仁義得民。士誠嘉納，嘗語人曰：「明卿高世士，吾益友也。」後鑑疾，士誠遣善醫候視，及卒，命有司恤其家，葬之橫山。	△	△	△	《隆平紀事》，頁68b。

申屠衡	長洲	善言《春秋》，與楊維楨游，稱博贍。客吳潘元明所。洪武初，徵草檄諭蜀，大稱旨，授修撰。病免，不肯仕，謫徙濠。	△	○	△	《罪惟錄列傳》，卷十八，頁 2295。
目桓	太倉	家於桃源涇，性落拓嗜酒。年少俠游，客於諸公，倪瓚愛之，勸令學，日誦數千言，試令爲詩，語多警絕，瓚爲延譽諸公間，名大起。	△	△	△	《列朝詩集小傳》，甲集，頁 170。
全思誠	上海	洪武十六年，以耆儒由本郡學正徵授文華殿大學士。思誠固辭，翌日賜敕放還。	△	△	△	《松江府志》，卷三八，頁 1a～b。
朱良實	吳江	在元季有文名，入國朝已老，隱約不仕。洪武間應召至京，有詩經義進，復陳省刑罰、薄稅斂之策，以年老乞歸，上許之，有布袍之賜。	△	△	△	《吳中人物志》，卷九，頁 22b。
朱景仁	海寧	元季之亂，四方衣冠之士避地海寧者，景仁悉解衣推食與同甘苦，屢徵不就，自號貞白道人。	△	△	△	《兩浙名賢錄》，卷四四，頁 40b。
朱鎬	蘇州	勵志苦節讀書，晚益散其財，肆情山水，遇酒輒醉。僑居笠澤之濱，後不知所終。	△	△	△	《吳中人物志》，卷九，15b。
余詮	崑山	至正間，爲江浙儒學副提舉。洪武中，僑居崑山。	○	△	△	《列朝詩集小傳》，甲前集，頁 91。
吾衍	錢塘	吾子行先生衍，大末人，大父爲宋太學諸生，因家錢塘。先生疏曠，故高不事之節。	△	△	△	《輟耕錄》，卷六，〈吾竹房先生〉，頁 100。
吳雄	諸暨	志趣高遠，不屑與世浮沈，閉戶讀書，精研墳索，一言一動輒以古人自期。嘗辟本州儒學正，高臥不起，時人稱爲碧山先生。	△	△	△	《兩浙名賢錄》，卷四四，頁 32a。
吳鎮	吳興	隱居不仕。	△	△	△	《新元史》，卷二三八，頁 11b。

呂九成	新昌	與兄不用、九思齊名，時稱新昌三彥。自以宋室世臣，不肯仕元。其後兩兄以徵辟仕本朝，九成竟隱約終身，弦歌自適，欣如也。	△	△	△	《兩浙名賢錄》，卷四四，頁44a。
呂良佐	松江	至正兵起，總帥與語大悅，版授華亭尹，辭請以白衣議事。		△	△	△	《松江府志》，卷四二，頁15b。
呂誠	崑山	博通經史，工於楷法。東滄之俗尚靡，獨能去豪習，事文雅，名世咸與之交。家有來鶴亭、梅雪齋，日與郭羲仲、陸良貴唱和其間。邑令屢聘不起，卒老于鄉。	△	△	△	《列朝詩集小傳》，甲集，頁168。
宋克	長洲	少英蓋以武力，自喜擊劍跡射，學爲兵將。北走中原，從豪傑馳逐。會士誠據吳，度其無成，思欲保其鄉井，不能遠去，已乃謝客杜門。怡然處約以終其身。	△	△	△	《本（明）朝分省人物考》，卷十八，頁22b～23a。
李祁	茶陵	元統元年進士，應奉翰林文字。母老，就養江南，授婺源州同知，遷江浙提舉副提舉。母憂，解職歸，隱居永新山中。入國朝，力辭徵辟，年七十餘卒。	○	△	△	《列朝詩集小傳》，甲前集，頁57。
李棠卿	無錫	爲無錫倉使，淮張來攻，抱印避草澤間。士誠以倉印故購之，急度不得脫，遣人懷印間道納之行省，尋被執，誘以仕，不屈，囚繫死獄中。	○	△		《隆平紀事》，頁56b～a。
李詗	錢塘	少受學楊君維禎，負氣尙節，善爲詩，賣藥金陵市中，名其室曰樗亭，而自號曰樗散生。	△	△	△	《宋學士文集》，卷七三，〈樗散生傳〉，頁1169。
杜瓊	吳縣	洪武中下詔求賢，瓊辭不就。學者稱東原先生。卒，里人私諡淵孝。	△	△	△	《罪惟錄》，列傳七，頁18a，〈杜瓊傳〉。
沈右	吳縣	吳中世家，能掠去豪習，刻志詩書。所居東林，有樓曰	△	△	△	《列朝詩集小傳》，甲集，頁

		清暉，王子充、陳敬初爲記。文學行誼，一時重之。				173。
沈易	華亭	元至正末，嘗北走燕薊四千里，會亂莫能達，退游淇衛之間，以奇策干用事者，亦莫能用也。束書東還，閉門授徒。	△	△	△	《松江府志》，卷四二，頁16b。
沈貞	長興	甘貧力學，雖在畎畝中，手不釋卷。絕無仕進意。	△	△	△	《兩浙名賢錄》，卷四四，頁40b～a。
沈敬明	吳縣	嘗應舉，中江浙辛巳備榜，遂隱約終，有著述聞於時。	△	△	△	《吳中人物志》，卷九，頁19a～b。
沈夢麟	湖州	博通群經，尤邃於《易》。元季應進士舉，棄去。隱居華溪之濱。洪武二十三年，上聞其經學，聘爲京闈考官，辭歸。	△	△	△	《列朝詩集小傳》，甲集，頁145。
周之翰	華亭	博極群書，尤精易學，自號易癡道人。兵興，隱居神山。與楊維禎爲友。	△	△	△	《列朝詩集小傳》，甲前集，頁91。
周伯琦	蘇州	與貢師泰同擢監察御史。兩人皆南士之望，時論榮之。十四年，起江東肅政廉訪使。寧國陷，改調浙西。十七年，行省丞相達識帖睦爾承制假參知政事。招諭平江張士誠，拜江浙行省左丞，留平江者十餘年。明太祖平吳，元臣之用事於吳者，多被誅戮，而伯溫與陳敬初俱獲免。	○	○	△	《元詩選》，初集，〈周左丞伯琦〉，頁1857。
周南老	長洲	洪武初召與翰林、太常同議郊祀諸禮，禮成移臨安府居，後歸，卒於鄉。	△	△	△	《吳中人物志》，卷七，頁20a。
周砥	吳縣	至正末嘗客荊溪，與馬治孝常倡和成集，又來吳與高、徐輩爲社。	△	△	△	《吳中人物志》，卷九，16b。
周靖	吳興	當紅賊陷吳興，上戰守之策於統兵主將，將醜其言而未	△	△	△	《東維子文集》，卷九，〈送

		用。參相楊公舉其人以爲可以置之樞機之地，薦章數上，處士又拂衣而去				周處士還山序〉，頁 1b。
周翼	無錫	元季處士。	△	△	△	《列朝詩集小傳》，甲集，頁 177。
易恆	崑山	闢地數百弓，引泉藝花竹，名曰：「泗園」，日詠歌其中。家貧，日不自給，視聲利泊如也。洪武中，應薦至京，以老罷歸。	△	△	△	《元八百遺民詩詠》，卷二，頁 6b。
邵光祖	蘇州	辟爲潮州學正，不赴，以布衣終。	△	△	△	《隆平紀事》，頁 68a。
金公素	吳縣	爲元將陳養子，陳戰而敗，道玄自投海中，義不爲賊得，流數百里，忽有石憑之，得免。人薦於僞吳，逃焉以終。	△	△	△	《明朝分省人物考》，卷十九，頁 10b。
金可文	吳縣	賢智有才，自埋於眾，以處士稱之。嘗以丘園科不起，曰：「幸有廬一區在市闤，可以避風雨；田一廛在郭外，可以給衣食；學聖賢之道，可以自樂。不願仕也。」	△	△	△	《吳中人物志》，卷九，17b。
金信	金華	從楊維禎游，往來吳越間。使者以茂才舉，不應，歸隱金華之優游洞，以詩自娛。	△	△	△	《兩浙名賢錄》，卷四七，頁 1a。
俞希魯	鎮江	先生年六十有六，猶爲縣令。至正十六年，乃上章請謝事，明年，詔下，以儒林郎、松江府判官致仕。皇上定都金陵，聞先生老儒，賜以粟，聘至，問政教之要，已而稱瞶辭歸。	○	△	△	《宋學士文集》，卷六五，〈俞先生墓碑〉，頁 1051。
俞和	杭州	號紫芝生，隱居不仕。能詩，喜書翰。	△	△	△	《兩浙名賢錄》，卷四四，頁 46b。
俞遠	江陰	其先儒起家，至先生貧，隱居教授，能行古道。	△	△	△	《梧溪集》，卷三，〈故空谷俞先生挽詞〉，頁

						7a。
姜漸	蘇州	至正間以兵變僑居吳爲諸生，張氏辟爲淮南行中書左右司都事，未幾，以疾辭，杜門以著述爲事。	△	○	△	《隆平紀事》，頁62a。
施德華	烏程	性樸素能詩，洪武中，有司以明經累薦不就，結屋數楹於郡城南，自號城南小隱。	△	△	△	《兩浙名賢錄》，卷四十四，頁44a。
洪欽	溫州	至正中爲長洲縣學教諭，會張士誠陷平江，欲用之，欽抗節不屈，居數日，乘間脫走。元亡，歸卒於家。	○	△	△	《兩浙名賢錄》，卷二，頁14a。
胡天游	蘇州	當元季之亂，隱居不出，邑人艾科晉卿爲之傳，稱其負高氣，孤立峻視。	△	△	△	《元八百遺民詩詠》，卷一，頁14b。
倪維德	吳縣	性尤嗜聚書，欲置金於書市，有新刻者，輒購入之，積至五千餘卷，構重屋以藏。晚年，建別墅敕山之下，乘扁舟，具酒餚，與二三賓客放浪水光山色間，翛然高舉，如在世外，因自號曰敕山老人。	△	△	△	《宋學士文集》，卷四九，〈故倪府君墓碣銘〉，頁870。
倪瓚	無錫	自號雲林居士，家本素封，至正初，忽散其財給親故，人咸怪之。未幾，兵起，富室悉被禍。瓚扁舟、箸笠往來江湖上，獨免於難。張士誠欲招之不肯出，其弟士信怒，一日，與賓客宴湖上，聞葦中有異香，疑爲瓚，物色漁舟中，果得之，抑幾死，終無一言。洪武初卒。	△	△	△	《新元史》，卷二三八，頁11a～b。
唐士偉	烏鎮	元末多盜，士偉倡團結鄉兵，保障一境。張士誠使聘不應。明興，太祖召至金陵，以母老，力辭歸。居無何，召親友鄰里，盡出家財分給之，人莫測其故。未幾，江南諸富戶多冒國法死徙，士	△	△	△	胡承謀，《吳興舊聞》，卷二。

		偉獨獲免。				
唐元	吳縣	以所乘舟號一葦航，載圖書古玩列置左右，浮游江湖，哦詩其中，因號葦杭子。	△	△	△	《吳中人物志》，卷九，頁16a〜b。
唐肅	山陰	至正壬寅舉鄉試。張士誠時，爲杭州黃岡書院山長，遷嘉興路儒學正。士誠敗，例赴京。尋以父喪還。洪武三年用薦召修禮樂書，擢應奉翰林文字。其秋，科舉行，爲分考官，免歸。六年謫佃濠梁，卒。	△	○	○	《明史》，卷二八五，頁7330。
夏思恭	上虞	通敏俊爽，器識不群，以孝友世其家，以耕稼養其父母，以考德問業親其賢大夫，處事無難易不適其宜不止，急人疾苦。可以仕而不仕。	△	△	△	《密庵集》，卷五，〈水竹居記〉，頁 9b〜10a。
夏義甫	鄞南	少以孝行稱，博學好古，值勝國兵亂，築室天目山，避影者四十年，與張羽、劉佐周、沈貫諸君子相爲師友，每有得，輒爲吟嘯。	△	△	△	《兩浙名賢錄》，卷四四，頁45b。
孫作	江陰	江陰人，避兵於吳，載書兩簏。士誠廩祿之，旋以母病謝去，衆爲買田築室居之。後仕明至國子司業。	△	○	○	《隆平紀事》，頁61a。
孫華	華亭	誦經考史，以博雅聞。尤好岐黃家，用薦爲醫學教授，有旨待詔尙方，辭免。	△	△	△	《列朝詩集小傳》，甲前集，頁92。
孫撝	曹州	至正二年進士，爲士誠所拘，從徙吳。一日，與部將張茂先謀復高郵，語洩，並被殺。	○	△		《平吳錄》，頁5b。
孫蕡田	錢塘	隱於西溪，不受徵聘，以詩文自娛樂，所著曰《蕡田集》，與同郡包太白名行相參，時人目爲西溪二隱。	△	△	△	《兩浙名賢錄》，卷四四，頁48a〜b。
徐洪	常熟	家富甲常熟，邑中號徐半州。洪尙禮好士，時之名勝	△	△	△	《吳中人物志》，卷九，21b

		如楊維禎、倪瓚、陳基被皆延致之。元季，吳中豪右多踰侈，國初更化，洪將家業讓與潘珪。獨挈妻子築室宣化門外先隴之側，布衣蔬食，謝遠文游，自號桃源水隱。				～22a。
徐舫	桐廬	放浪山水，歌吟於雲煙出沒之間，與江漢淮浙名士相摩切，人莫測其涯際。	△	△	△	《國琛集》，上卷，頁10b。
徐賁	吳興	張士誠辟爲屬，已謝去。吳平，謫徙臨濠。洪武七年被薦至京。九年春，奉使晉、冀，有所廉訪。	△	○	○	《明史》，卷二八五，頁7329。
徐達左	吳縣	隱居光福山中，自號耕漁子。家故溫，值時多故，四方名士多歸之。洪武初，爲建寧訓導。六年，卒於學宮。	△	△	○	《列朝詩集小傳》，甲集，頁173。
烏本良	慈谿	教授錢塘以自資，時大家有欲以女妻之者，本良力辭曰：「此來爲母與弟妹衣食計耳，所願未遂，何暇言婚？」後輔二季稍長，畢嫁諸妹，然後娶。	△	△	△	《兩浙名賢錄》，卷四四，頁48a。
貢性之	山陰	尚書師泰族子，元季以冑子除簿尉，補閩理官。洪武初，徵錄師泰後，大臣以性之薦，性之避居越之山陰，躬耕自給以終其身。	○	△	△	《元八百遺民詩詠》，卷二，頁9b。
馬	崑山	酷志讀書，好文尚雅，以華其家聲。元季避兵松江間，園池亭榭，幽閒自娛，屏絕世慮，日誦經史。	△	△	△	《列朝詩集小傳》，甲集，頁168。
高明	永嘉	登至正四年進士，歷任慶元路推官，文行之名重於時。見方谷珍來據慶元，避世於鄞之櫟社，以詞曲自娛。國朝遣使徵辟，辭以心恙，不就。	○	△	△	《閩中今古錄摘抄》，頁8a。
高啓	長洲	張士誠有浙右時，群彥多從	△	△	△	《本（明）朝分

		仕者，啓獨挈家依外舅周仲達，居吳淞江上，歌詠終日以自適。尤好權略，論事聳人聽，一時武勇多下之。明興，以薦偕謝徽等聞於朝，與修《元史》，受翰林編修，復命教授諸王。久之，推任喉舌之司，待以不次，與徽等懇辭起歸田里，制可，仍賜金以還，復居江上，遨遊青丘甫里之墟。啓嘗以史與祭酒魏觀雅相知契，會觀守蘇州，爲徙居城中，延問政事得失，援見甚密。會觀得罪，連坐死，年甫三十有九。				省人物考》，卷十八，頁 1a。
崔彥輝	錢塘	善篆隸辭賦，畫亦超詣。隱居賣藥於鹽橋市，口不二價，當時以爲壺隱。	△	△	△	《兩浙名賢錄》，卷四四，頁 41a。
張介福	長洲	自以不及養，不仕以祿食。士誠聞而欲致之不可，使其弟往問，語以：「無樂亂，無貪天禍，無望國家者。」餽之，力辭焉。	△	△	△	《本（明）朝分省人物考》，卷十八，頁 2b～3a
張羽	吳興	領鄉薦，爲安定書院山長，再徙於吳。洪武四年徵至京師，應對不稱旨，放還。再徵授太常司丞。尋坐事謫嶺南，未半道，召還。羽自知不免，投龍江以死。	○	△	○	《明史》，卷二八五，頁 7331。
張雨	杭州	隱於黃冠者，從虞集受學，詩才清麗，著有《句曲外史集》	△	△	△	《新元史》，卷二三八，頁 11a。
張昱	杭州	早游湖海，爲虞集、張翥所知。累官行省左右司員外，日以詩酒自娛，超然物表，後棄官歸，張氏禮致，不屈，策其必敗，題蕉葉以寓志焉。居西湖，每放舟湖心，把酒扣舷，自歌其所爲詩，笑曰：「我死埋骨於此，題曰：『詩人張員外墓』足矣。」	○	△	△	《新元史》，卷二三八，頁 9a。

		著有《左司集》，年八十三而終。				
張經	金壇	至正丙申，張士德渡江，選令丞、簿尉以下十有一人，德常徙家爲吳縣丞，三年升縣尹，明年除同知嘉定州，壬寅調松江府判官。所至人歌思之。	△	○	△	《列朝詩集小傳》，甲前集，頁82。
張樞	華亭	日與子弟數十人講春秋，或勸之仕，不應，人是以高之。稱曰「林泉民」。年八十餘乃終。	△	△	△	《清江文集》，卷二，〈林泉民傳〉，頁10a。
張適	吳縣	洪武初，以秀才舉，擢工部都水郎，以病免。得朱長文樂圃故地，與周正道、陳惟寅輩觴詠自得。	△	△	△	《列朝詩集小傳》，甲集，頁172。
張憲	山陰	別號玉笥生，負才不羈，嘗走京師論天下事，眾駭其狂，還入富春山，混緇黃以自放。張士誠據吳，辟爲都事。吳亡，變姓名走杭州。旦暮手一編，人不得窺。死後視之，其平生所作詩也。楊維楨曰：「吾鐵門稱能詩者，南北凡百餘人，求其似憲者，不能十人。」有《玉笥集》，皆懷古感時之作	△	○	△	《新元史》，卷二三八，頁10b～11a。
張翼	盧陵	參左丞楊完者軍府事，遷杭省左司員外郎，完者死，翼棄官不出，張太尉禮致之，不屈。居西湖，放情詩酒，憤張氏擅權，策其必敗。	○	△	△	《隆平紀事》，頁68b。
張簡	吳縣	自號白羊山樵，初師張伯雨爲黃冠，元季兵亂，以母老歸養，遂返巾服。洪武二年，詔修《元史》，授編修，不就。	△	△	△	《元八百遺民詩詠》，卷二，頁16b。
強珇	嘉定	輕財重義，工爲詩章。早游京國，值兵變歸。至正間，辟常熟州判官，不就。	△	△	△	《列朝詩集小傳》，甲前集，頁65。
曹知白	華亭	隱居讀易，終日不出戶，或	△	△	△	《松江府志》，

		放筆圖畫，掀髯長嘯，人莫窺其際也。				卷四二，頁11a。
盛彧	常熟	元盛時，東南鉅族，值兵亂，徙家歸胡岡隱居焉。常與會稽楊維禎、淮海秦約、永嘉鄭冬、吳門張遜、雁門文質、河南陸仁、武林趙銓、清河張恕仲輩為友，多倡和之什。	△	△	△	《列朝詩集小傳》，甲集，頁170。
莫景行	錢塘	壯年棄仕，泊然為林下人。	○	△	△	《東維子集》，卷七，〈雲間紀遊詩序〉，頁12a。
許時用	嵊縣	曰：「余先朝進士也，春秋又高矣，不足以辱明時。使者不我知，委幣而迫之來，我不敢違，今已陳情於丞相府矣，丞相讜言之上，得遂歸田焉，不翅足矣。」	○	△	△	《宋學士文集》，卷七，〈送許時用還越中序〉，頁141。
許曄	洞庭	洪武間應召至京，有詩經義進，復陳省刑罰、薄稅斂之策。以年老乞歸，上許之，有布袍之賜。	△	△	△	《吳中人物志》，卷九，頁22b。
郭翼	崑山	上書士誠曰：「明公仗馬箠，下吳、越數十城，望風請服者，人皆苦元政，守吏貪殘，不恤其下也。今誠能反其政，休勞之，乘時進取，則霸業可成。若遽自宴安湛樂，四方豪傑並起，明公欲閉城自守，其終能乎？」士誠怒，欲殺之，翼亡去。	△	△	△	《明史紀事本末》，卷四，〈太祖平吳〉，頁62。
陳大倫	諸暨	絕意仕進，以教授為業。元末避兵流子里，作晚香亭，日與賓客暢飲高歌，舉座絕倒。	△	△	△	《兩浙名賢錄》，卷二，頁13a。
陳子才	海鹽	當元末兵亂，隱居不仕。洪武初，下詔以人才徵，弗就，有司為之勸駕，卒不起。或問之，笑而不答。	△	△	△	《兩浙名賢錄》，卷四四，頁43b。
陳子肇	奉化	嘗為慶元路教授，因國事日	○	△	△	《兩浙名賢

		蘗，遂隱居田里。經生學生慕其德學，執贄受業者，羔雁成群。家雖貧，束脩之外無妄受。每風晨月夕，輒載酒溪山之上，與高橋章壨、甬東鄭奕夫輩倡和，以發抒懷抱。				錄》，卷四四，頁 37b～38a。
陳世昌	錢塘	力學古文，不慕仕進。元至正初，以布衣召入翰林，母老力辭，不許，詔有司勸駕，不得已就官。未幾乞外，遂奉敕代伺海上，值道梗，寓居嘉興，授徒養母。張士誠據平江，屢致不屈。洪武初，徵修禮書，授太常博士，尋以母老甚，疏請終養，得旨歸。無何而母終，復下詔徵之，力辭不起。	○	△	△	《兩浙名賢傳》，卷四一，頁 43b。
陳汝秩	長洲	力貧養母，有聞於時。國初以人才徵至京，以母老辭歸。洪武乙丑，以疾考終於家。	△	△	△	《列朝詩集小傳》，甲前集，頁 70。
陳秀民	常熟	至正中知常熟州，張氏禮致為參軍，歷江浙行中書省參知政事、翰林學士，入明後不知所終。	○	○	△	《隆平紀事》，頁 62b。
陳基	臨海	少與兄聚受業於義烏黃溍，從溍游京師，授經筵檢討。嘗為人草諫章，力陳順帝並后之失，順帝欲罪之，引避歸里。已，奉母入吳，參太尉張士誠軍事。士誠稱王，基獨諫止，欲殺之，不果。吳平，召修元史，賜金而還。洪武三年冬卒。	○	○	△	《明史》，卷二八五，頁 7318。
陳渭叟	錢塘	讀書學道，不混於俗，賦詩有天然之趣，隱居葛溪，歲一入城，名人勝士爭要致之，唯恐其去也。	△	△	△	《兩浙名賢錄》，卷四四，頁 39b～40a。
陳嗣囗	長興	曾任德清縣主簿，不幸以母憂去，自時厥後，度時事不	○	△	△	《宋學士文集》，卷四九，

		可爲，累辟不起。				〈元故湖州路德清縣尹陳府君墓銘〉，頁866～867。
陳雍	仁和	樂志幽隱，縣大夫兩以明經舉，皆不就。世居鹽橋，厭其囂塵，徙城北獨山之陽。	△	△	△	《兩浙名賢錄》，卷四四，頁50b。
陳煒	慈谿	讀書過目不忘，旁通曆數之學。洪武中，有司累薦不起，晦跡林下。同里余處道、邑令余琯廉其行，強之仕，辭疾弗就，皆稱高尚。	△	△	△	《兩浙名賢錄》，卷四四，頁50a。
陸仁	崑山	爲人沈靜簡默，好古文，詩不苟作，館閣諸公皆重之，稱爲陸河南。	△	△	△	《列朝詩集小傳》，甲集，頁168。
陸居仁	華亭	元泰定三年鄉試第七名，隱居不仕，以教學爲生。	△	△	△	《明史》，卷二三八，頁7309。
陶宗儀	黃巖	父煜，元福建、江西行樞密院都事。宗儀少試有司，一不中即棄去，務古學，無所不窺。浙帥泰不華、南臺御史丑驢舉爲行人，又辟爲教官，皆不就。張士誠據吳，署爲軍諮，亦不赴。洪武四年召徵天下儒士，六年命有司舉人財，皆及宗儀，引疾不赴。晚歲，有司聘爲教官，非其志也。	△	△	△	《明史》，卷二八五，頁7325。
郯韶	吳興	好讀書，慷慨有氣節，辟試漕府掾，不事奔競，澹然以詩酒自樂。	○	△	△	錢謙益，《列朝詩集小傳》，甲集，頁169。
彭□	吳縣	性淳謹寡言笑，陳敬初雅重其人，學通五經，寓吳，授業者甚眾。	△	△	△	《吳中人物志》，卷十，頁21a。
復見心		本名天淵，能詩文，仕前元爲學士。元亡，逸去，度爲僧，髯長尺餘，不薙。上召見，異之，曰：「削髮除煩惱，留鬚表丈夫。」上弗罪。	○	△	△	《罪惟錄》，列傳七，頁20b，〈復見心傳〉。
焦白	蘇州	以詩畫自適，張氏辟爲湖州	△	△	△	《隆平紀事》，

		教授，不就，變姓名寄食嘉定。一夕，心動省母吳城，爲門校察知，有司敦迫，至力乞歸養。				頁68b。
華栖碧	無錫	少孤奉母，聲名藉甚，人有援之仕者，力辭不就，洪武乙卯卒，年六十九。	△	△	△	《元八百遺民詩詠》，卷二，頁14b。
黃公望	嘉興	天資孤高，少有大志。試吏弗遂，歸隱西湖筲箕泉，歸富春，年八十六而終。	△	△	△	《列朝詩集小傳》，甲前集，頁62。
黃玠	定海	志尙卓然，不隨俗進退，躬行力踐以古聖賢自期，隱居教授，孝養二親，聞其名者爭遣贄迎致之。	△	△	△	《兩浙名賢錄》，卷四四，頁38a。
黃錫孫	常熟	讀書勵行，居窮守約，不易其介，爲文尙理氣，詩亦清純，有《穀山集》	△	△	△	《吳中人物志》，卷九，頁16b。
黃	餘姚	隱居教授，浙之言《尙書》者多宗事之，居恒對人喜談邵子《皇極經世》書，旨趣淵妙，貫徹天人，有以自娛。	△	△	△	《兩浙名賢錄》，卷二，頁19 a。
楊立	諸暨	性孤介，言行無僞。嘗結廬祖墓，課農圃。善吟詠，非其力之所出，不衣不食也，時人稱古逸民也。	△	△	△	《兩浙名賢錄》，卷四四，頁45ba。
楊居	新昌	嘗以春秋學應書鄉闈，不利，遂掩關不出。下帷而講授，四方學子趨之者如雲。府君日據高座，隨其性質而開導之。學成而去，多著名於時。	△	△	△	《宋學士文集》，卷四五，〈故新昌楊府君墓銘〉，頁783。
楊乘	濱州	以江浙行省左右司郎中，方坐罪免官，寓松江。二人（郭良弼，董綬）言乘於士誠，因遣其下張經招之。乘日：「良弼、綬皆王臣，今既失節，又欲引我以濟其惡耶？」且讓經平日讀書何如，乃日與客痛飲，經促其行愈急，遂整衣冠縊死。	○	△		《平吳錄》，頁5。

楊基	吳縣	遭亂，隱吳之赤山。張士誠辟爲丞相府記室，未幾辭去，客饒介所。明師下平江，基以饒氏客安置臨濠，旋徙河南。洪武二年放歸。尋起爲滎陽知縣，謫居鍾離。	△	○	○	《明史》，卷二八五，頁 7328。
楊維禎	山陰	張士誠據浙西，累使招之不能屈，且撰〈五論〉反覆告以順逆成敗之說，識者韙之。生平氣度高曠，喜戴華陽巾，披羽衣，周游山水間，以聲樂自隨。晚年築蓬臺於松江，東南才俊士投贄求文者無虛日，當疾，亟撰〈歸全堂記〉，頃刻立就，執筆而逝。	○	△	△	《新元史》，卷二三八，頁 10a～b
萬二	嘉定	元之遺民也，富甲一郡。以家資付託諸僕能幹掌之，買巨航載妻子游湖湘而去。不二年，江南大族以次籍沒，獨萬獲令終。	△	△	△	謝國楨，《明代野史筆記資料輯錄》三，頁 309。
葉森	錢塘	早從貞白先生吾子行遊，古文歌詩咸有法則，。一時所與交者如王眞人眉叟、薛眞人玄□、張外史伯雨、張承旨仲舉，唱酬極富。	△	△	△	《兩浙名賢錄》，卷四六，頁 40b。
葉顒	吳縣	初以游學，與耿炳文善，爲元和靖書院山長。後炳文貴，鎮長興。顒避亂往依之。炳文欲薦試用，辭曰：「時去勢違，徒取辱耳。」卒不出。	○	△	△	《罪惟錄》，列傳七，頁 17a，〈葉顒傳〉。
董荊	新昌	博學好古，長於詩文。國初隱居不仕，洪武十七年舉博學宏詞，上親問治道，稱旨。授縣丞，辭不就，終老於家。	△	△	△	《兩浙名賢錄》，卷四四，頁 46a～b。
董嗣杲	錢塘	隱跡黃冠中，博辯強記，談前朝典故如指諸掌。	△	△	△	《兩浙名賢錄》，卷四四，頁 38a。
董鎮	海鹽	博通經術，有用世之志。值元季，遂隱於海鹽之泉山，	△	△	△	《兩浙名賢錄》，卷四四，

		每夜靜月明，輒登山頂，劃然長嘯，風生海湧，聞數十里。或悲歌慷慨，繼之以泣，歸則閉門竟日臥。				頁33a。
鄒奕	蘇州	有文行，元季嘗守贛，國初謫關西。	○	△	△	《水東日記摘抄》，頁2b。
樓澄	蘇州	洪武初，郡嘗有薦。永樂初，夏尚書治水來吳，又欲薦用，澄以老病辭。	△	△	△	《吳中人物志》，卷九，23a。
潘伯修	黃巖	嘗三舉於鄉，至春官輒不偶，遂決志隱居教授，以著書為事。	△	△	△	《兩浙名賢錄》，卷二，頁13b。
潘時雍	錢塘	性儉淡力學，隱居郡城之東，自號灌園生。	△	△	△	《兩浙名賢錄》，卷四四，頁48b。
鄭士元	嘉興	嘗應進士舉，再忤有司意，遂隱不出，自號溪南處士，終楊溪之寓舍。	△	△	△	《清江文集》，卷八，〈郭處士壙誌〉，頁11b。
鄭元祐	蘇州	僑居平江，學者雲集。浙省臺憲爭以潛德薦之，背疾不願仕，優游吳中者幾四十年。至正丁酉，除平江路儒學教授，一歲，除去。後七年，擢江浙儒學提舉，居九月卒，年七十有三。當張士誠據平江，東南之士多依之者，明德最為一時耆宿云。	○	○	△	《元詩選》初集，〈鄭提學元祐〉，頁1832。
鄭宜中	華亭	仕元為華亭縣尉，兵興之後，幙府爭以得士相高，諸公雅知君不可屈，亦不敢煩以職。	○	△	△	《蘇平仲文集》，卷九，〈遂初堂記〉，頁22a～b。
鄧牧	錢塘	不事榮名，遍遊名山大川，歸隱大滌山，人稱為文行先生。所居有超然館，宴坐累月不出，時時作詩文以自娛。	△	△	△	《兩浙名賢錄》，卷四四，頁36a。
魯淵	蘇州	官浙西副提舉，張氏稱王，擢為博士。	○	○	△	《隆平紀事》，頁62a。
盧充穎	崑山	嘗應辟留同制誥，將授官。伯父熊之死，負其骸骨歸，	△	△	△	《吳中人物志》，卷九，頁

		遂終隱不仕。				22b。
蕭規	吳江	讀書樂道，不求祿仕。	△	△	△	《吳中人物志》，卷九，頁23a。
錢良祐	蘇州	至大間署爲吳縣學校教諭，領職即代去，輒不復出，隱居三十年，安貧守約。	△	△		《吳中人物志》，卷九，頁15a。
錢宰	會稽	武肅王之裔，元末老儒也。高廟禮徵，同諸儒修纂尚書，會選孟子節文，公退，微吟曰：「四鼓鼕鼕起著衣，午門朝見尚嫌遲，何時得遂田園樂，睡到人間飯熟時。」察者以聞，明日文華燕畢，進諸儒而諭之曰：「昨日好詩，然朕嘗嫌汝何不用憂字？」宰等悚愧謝罪，未幾，皆遣還。宰以國子博士致仕，家會稽，宦業至今不絕。	△	△	○	《水東日記摘抄》，頁 2b～3a。
錢惟善	錢塘	官至副提舉，張士誠據吳，退隱吳江之筒川，洪武初卒。	○	△	△	《新元史》，卷二三八，頁9右
鮑恂	崇德	元統間三領浙，元至正甲申、至正癸巳皆入闈校士。卜居郡之西溪，耕桑自樂，自號環中老人。明洪武中，與貝清江、程柳莊結社講道，學者稱西溪先生。	○	△	△	《明詩紀事》，頁100。
戴良	浦江	少事舉子業，尋棄去，專心博古，學文於柳貫，學詩於余闕，皆得其師承。至正中，以薦授江北儒學提舉，而浙東已陷，乃避地吳中。久之，挈家泛海東渡黑水洋，憩登萊間，喬寓昌樂數載，訪求齊魯間豪傑，奮欲有爲而卒無所遇。後南還，變姓名隱九靈山下，明太祖徵之，召見頗忤旨，卒於邸舍。有《九靈山人集》三十卷。	△	△	△	《新元史》，卷二三八，頁 7b～8a。
謝肅	上虞	元至正末，張士誠據吳，肅慨然欲見宰相，獻偃兵息民	△	△	○	《密庵集》，〈四

		之策，卒無所遇，歸隱於越。洪武中，舉明經，授福建按察僉事，以事被逮，下獄死。				庫全書提要〉
謝徽	長洲	（元）史成，授翰林國史院編修。尋擢吏部郎中，力辭不拜，歸。復起國子助教，卒。	△	△	○	《明史》，卷二八五，頁7319。
謝應芳	松江	武進人，至正初，江浙行省舉三衢清獻書院山長，阻兵，居吳之甫門，轉徙吳淞江上，築室松江之旁。教授之暇，以詩酒自娛。洪武初，年逾八十，隱於橫山，自號龜巢老人。	○	△	△	《元八百遺民詩詠》，卷一，頁12b。
韓奕	吳縣	隱於醫，洪武初，太守姚善下車聞奕名，將見之，奕避去山中，善追至，而泛舟入太湖。善歎曰：「韓先生所謂名可得聞，而身不可得而見也。」尤工於詩，時稱韓山人。	△	△	△	《吳中人物志》，卷九，頁20a。
韓謞	會稽	隱居西湖之上，與伯雨張公為師友。	△	△	△	《東維子集》，卷九，〈送韓謞還會稽序〉，頁10b。
嚴恭	嘉定	累世宦達，恭獨志尙雅淡，不樂仕進。嘗築室海上，號惜寸陰齋，日以游戲翰墨為事。	△	△	△	《吳中人物志》，卷九，16a。
嚴盛	餘姚	性坦直，待物無町畦。善飲酒，然未嘗與庸俗人飲，縉紳先生過其門，不問識否，為具飲之。或勸宗奭仕，不應。自號曰客星樵隱。	△	△	△	《宋學士文集》，卷七三，〈嚴宗奭小傳〉，頁1173。
饒介	蘇州	張氏攻平江，介分守齊門，兵潰城陷，介閉門高臥。士誠聞其名，累使強起之。表為淮南行省參政，署諮議參軍，與陳基同典文章。吳亡，後入金陵見殺。	○	○	△	《隆平紀事》，頁60a。

顧元臣	崑山	至正乙未，官寧海所正千戶。十九年，以功升水軍都府副都萬戶。國初，以元官徙濠。	○	△	△	《列朝詩集小傳》，甲前集，頁67。
顧愚	崑山	凡四十年不至城府，躬耕自食，志在養高。時人以隱者稱之，平生爲文，手悉焚去。	△	△	△	《吳中人物志》，卷九，頁22a〜b。
顧瑛	崑山	與一時名士張翥、李孝光、楊維楨等相酬和，年踰四十，築草堂自居，名曰玉山草堂，集唱和詩十三爲草堂雅集，自號金粟道人。至大間徵爲儒學教諭，不就。至正十七年，張士誠屢欲辟用之，皆以病謝。	○	△	△	《新元史》，卷二三八，頁9b〜10a。
顧觀	紹興	丹陽人，寓居紹興。元季爲星子縣尉。危素欲薦之館閣，道阻不果。	○	△	△	《列朝詩集小傳》，甲前集，頁88。